多视角研究：
大学语文教学实践

谭　琴　舒晓军　莫艳萍 ◎ 著

吉林出版集团股份有限公司

图书在版编目（CIP）数据

多视角研究：大学语文教学实践 / 谭琴，舒晓军，
莫艳萍著. — 长春：吉林出版集团股份有限公司，
2024.6

ISBN 978-7-5731-5092-9

Ⅰ . ①多… Ⅱ . ①谭… ②舒… ③莫… Ⅲ . ①大学语
文课－教学研究 Ⅳ . ①H193

中国国家版本馆 CIP 数据核字（2024）第 110321 号

多视角研究：大学语文教学实践

DUOSHIJIAO YANJIU : DAXUE YUWEN JIAOXUE SHIJIAN

著　　者	谭　琴　舒晓军　莫艳萍
责任编辑	张继玲
封面设计	林　吉
开　　本	710mm×1000mm　　1/16
字　　数	150 千
印　　张	13
版　　次	2024 年 6 月第 1 版
印　　次	2024 年 6 月第 1 次印刷
出版发行	吉林出版集团股份有限公司
电　　话	总编办：010-63109269
	发行部：010-63109269
印　　刷	廊坊市广阳区九洲印刷厂

ISBN 978-7-5731-5092-9　　　　　　　　　　定价：78.00 元

前　言

大学语文是最具基础性、综合性的一门学科。它具有丰富的文化底蕴和人文内涵，是对大学生进行语言、阅读、表达能力训练和人文素质培养的重要基础课程之一。当前互联网技术的发展对高校的语文教学提出了更高的要求。此外，互联网开放、共享的特点，也促使大学语文教学模式不断进行改革。

语文课程与教学论是各种课程体系中的一门十分重要的专业必修课程，是体现教师教育特色的一门标志性课程。开设此课程的主要目的是使学习者形成语文课程与教学的正确理念，并获得系统的语文教学基础知识和基本理论，掌握语文教学的基本方法和技能，提高语文教育素养和课程的实施能力，最终全面提升语文教育质量。大学语文是面向非中文专业的大学生开设的一门基础性课程，其主要目的是培养学生的人文素养，提高其语文综合能力。开设大学语文课程，不仅可以丰富大学生的人文知识和人文精神，还可以增强高职大学生的社会责任感和道德使命感。

本书主要汇集了作者在工作、实践中取得的一些研究成果。在撰写过程中，参阅了相关文献资料。

由于作者水平有限，加之时间仓促，书中难免存在一些不足和疏漏，敬请广大读者批评指正。

谭　琴　舒晓军　莫艳萍

2024 年 3 月

目　录

第一章 大学语文教育的本质

第一节 大学语文教育的工具性

大学语文教育包含双重含义：教学语言和使用语言教学。无论是叶圣陶先生的"口头为'语'，书面为'文'"说，还是吕叔湘先生的"语言文字"说，只要我们不作狭隘的理解，语文的内涵都是非常清楚的。在教育教学中，语文有别于其他学科，语文学科的教学需要研究探讨语言本身，不仅要理解其表达的是什么，还要研究语言是怎样表达的，为什么这样表达。而学习其他学科，语言只是一种媒介。由此不难看出，从学科特点而言，作为交际工具、思维工具和文化传承工具的语文，要熟练地掌握，就始终不能脱离语言的工具性。重视语言训练是语文学习的必由之路，换句话说，脱离或忽略语言工具性的语文课都不是真正意义上的语文课。语文学科的重要任务之一，就是让学生系统地学习语言，提高学生正确理解和运用语言的能力，提高学生的观察能力、感受能力、想象能力、思维能力和创造能力，以加深对祖国语言的认识和热爱。大学语文教育的工具性就表现在语言本身的工具性和语文学科的工具性两个方面。

一、语言本身的工具性

语言是一种社会现象，不是自然现象，也非个人现象。语言和人类社会有着紧密的联系，它依存于社会，更是组成社会的一个不可或缺的因素，是推动社会发展的重要力量。语言是随着人类的产生而产生的，只有人类才有语言，是人类区别于其他动物的一个重要标志。人与人之间、人与社会之间的联系有赖于语言，有了语言，生活在同一社会的人才能共同生产、生活，才能在生产活动和社会实践中得以协调并共同行动，才能将生产、生活的经验相互交流。没有语言，人与人之间的联系无从谈起，社会也会解体。总之，语言与社会有着密切的相互依存关系，语言是人们生产、生活的工具。

1.语言是人类最重要的交际工具

"语言从我们生命伊始，意识初来，就围绕着我们……语言犹如我们思想、感情、知觉和概念得以生存的精神空气。在此之外，我们就不能呼吸。"人生活于世界之中，也生活在语言之中。"语言给世界中的事物命名，世界在语言中向人类开启世界之为'世界'……人总是以拥有语言的方式'拥有'世界，语言把人引入'世界'之中。"人类的说和写都是为了表达思想、进行交际，而说和写所用的语言就是表达思想和进行交际的工具。

语言是获取、储存、转换、表达信息的重要手段。在现实生活中，人们利用语言工具来表达自己的思想，也通过语言工具理解他人表达的思想。语言对于社会所有成员都是共同的、统一的，不论地位高低、学养优劣，所有人都得遵守社会的语言习惯，谁都不能垄断。但与此同时，人们在使用语言的过程中又可以有不同的风格。比如，一般百姓和学界泰斗在遣词造句上会存在极大的差异，人在私人场合和社交场合说话用语必然有所不同，但又都不能偏离语言的基本规则。又比如，人们喜闻乐见的相声艺术，它的语言表达不同于说书艺术，也不同于其他的文艺作品，更有别于学术论文。它以通俗易懂、幽默含蓄见长，但又不突破人们平时共同遵守的语言规则。所以，尽管表达上有差异，但并不影响受众对它的理解。

众所周知，人们在交际时常用的是语言，但又不限于语言。除了语言，文字、肢体语、旗语、电报代码等也是人们熟知和惯用的交际工具。但无论是文字、肢体动作或其他图形符号，都是建立在语言基础上的辅助性交际工具。比如文字，是用来记录语言的，利用文字，可以打破语言交际的时空限制。但是，文字在交际中的作用远不如语言，一个社会可以没有文字，但是不能没有语言；没有语言，社会就不能生存和发展。语言是人类社会不能缺少的、与人类社会生活的各个方面关系最深的、能充分交流思想感情的交际工具。

2. 语言是人类思维的工具

语言是人类创造的，是人们在社会劳动过程中，为适应交流、传递信息的需要而产生的。思维是人脑的机能，是对外部现实的反映。语言和思维是两种独立的现象，但两者又如影随形。语言一经产生，就成为思维存在和发展的必要因素，是实现思维、巩固和传达思维成果的工具。依据巴甫洛夫高级神经活动生理学的原理，语言在人脑反映外部现实的生理机制中，担负着第二信号系统的职能。思维则是以抽象的形式，间接地、概括地反映外部现实。而语言是思维活动的必要条件，没有语言，间接的概括的思维活动就无法正常进行。语言是思维得以实现的工具，是思维存在的形式，准确、连贯、生动的语言对促进思维的发展起着重要作用。思维成果凭借语言被记录、固定下来，思维的明晰化、形象化，又直接关系着语言的准确性、连贯性和生动性。语言不仅能实现思维成果的表达和传播，更能使思维在已有基础上得以发展。

语言是思维本身的要素，语言的发展水平标志着思维的发展水平。思维和语言是相互依存、相互促进的。语言是现实的思维，是思维的物质外壳，语言外壳又总是包含着思维的内容。思维的发展推动语言的发展，语言的发展又促进思维的发展。思维活跃开放，语言自然丰富灵活；思维板结凝滞，语言也就呆板贫乏；思维缜密，语言就会准确；思维混沌，语言也就模糊。

3.语言是人类文化的载体

文化包括风俗、习惯、地理、历史、宗教、信仰、生产、生活等方面的内容。语言自从它产生的那一天起，就是以一定的形式和内容存在的，它表达着不同的意义，体现了它与客观世界、人类社会和思维的依存关系。各民族的语言都记载着本民族的思想和文化，任何一个民族的文化，都是历史的积淀，都反映着该民族人民的劳动创造、艺术成就、价值取向、共同观念和生活习俗等。因此，也可以说语言是用来"装载"文化的工具。

二、语文学科的工具性

语言随着人类大脑和声带的发育而产生，语言的产生和发展为人类的群居奠定了基础，群居就构成了人类社会。人类社会的发展需要有共同的交际语——口头语，但口头语不具备时间上的留存性和空间上的延展性，于是就促成了书面文字的产生和发展。在口头语阶段，人们依赖的是口耳相传。但有了书面文字，就必须有教育，语文教育也就是从有了书面文开始的。从公元前6世纪（春秋末期）开始，直至19世纪末开办新学堂止，在这悠久的历史中，我国没有"语文"这个概念，也没有专门的语文教材。直至1949年中华人民共和国诞生，政治、经济、文化、教育等各方面都走上了新的发展道路，与上层建筑关系密切的语文教育也面临着创新发展的需要。叶圣陶先生提出了"语文"这个新概念，并且指出"口头为'语'，书面为'文'……"此后，对何为"语文"又有过诸多解释。1950年版的语文课本提出"说出来是语言，写出来是文章"，即认为"语文"是"语言文章"；1956年版的语文教材分为"汉语"和"文学"，即认为"语文"为"语言文学"；1963年的语文教学大纲中有"理解运用祖国的语言文字"的表述。无论是"语言文字"说、"语言文章"说，还是"语言文学"说，语言始终是基础，文字、文章、文学都是在语言的基础上产生发展而来的，这也说明了语文学科是以学习语言和运用语言为主，旨在传授、培养学习其他学科所需的语文知识和人生所需的语文技能的一门学科。

1.语文是学生学习的工具

各门课程的学习都有赖于语文作为工具，因为任何一门课程的内容都无法脱离语文，任何一门课程的学习都得从识字开始，都需要写字、阅读、口语表达，都需要思维活动。正如叶圣陶先生所言："语文是工具。自然科学方面的天文、地理、生物、数、物、化，社会科学方面的文、史、哲、经，表达和交流都要使用这个工具。"

无论哪一门课程的学习，都离不开语文，需要语文来呈现其内容，需要运用语言文字来教学，还需要通过语文来呈现学习的成果。比如学习笔记、学习心得、实验报告的撰写，毕业设计、毕业论文的完成，研究成果的总结与表述等，都需要借助语文来实现。尤其是理工科学生在论证项目、撰写实验报告、做计划安排、完成工作总结时，叙事说理，表意抒情都离不开语文。若缺乏归纳和总结能力，科研上、技术上的发展就会受限。古人有言"言之无文，行而不远"。如果想要把自己的所学所思记录下来，并且让其流传下去，就不仅要用语言把它表达出来，而且还需要表达得准确、生动、周详，否则注定"行而不远"。

从某种意义上说，语文类似于载我们到达彼岸的船，船只是我们所要借助和依赖的工具，不是我们的目的，彼岸才是目的。可如果没有船，彼岸也就无法到达。

2.语文是学生成长发展的工具

迄今为止，人与世界存在四种关系，即人与自然的关系、人与社会的关系、人与他人的关系和人与自我的关系。语文是实现人与世界四种关系的工具，是认识自然、社会、他人和自我的工具。著名哲学家海德格尔在谈论人的本质时明确提出："世界存在于语言之中，语言是存在的家园。"没有语言就没有世界，人也就失去了栖息之所。从这个意义上说，语言是立人之本，亦是人的根本存在方式。要使学生从一个无知的自然人成长为成熟睿智的社会人，需要不断地学习以增长知识和才干，逐步养成健全的人格，这一过程每时每刻都需要借助语言这一工具。所以，我们需要引导学生通过自主的语言实践活动，积累语言经验，把握祖国语言文字的特点和运用规律，加深对祖国语言文字的理解与热爱，培养运用祖国语言文字的能力。

3.语文是学生认识、参与、改造生活的工具

语文习得是学生成长发展的需要，更是学生生活的需要。作为生活的主体，他们也常常用他们特有的眼光观察和研究周围的一切，为了能够更好地生活而适时地调整自我与周围环境的关系，甚至还有意识地通过他们的语言行为去影响、改变自己和他人的生活。他们不仅运用语文生活，而且在自己的生活中学习运用语文。语文教学的目的从来就不仅仅是学习和掌握语文工具，而是去认识生活、参与生活和改造生活。教学中不能仅仅把学生看作语文训练的对象、语言文字训练的主体，更要让学生真正成为他们生活的主体，成为自主地学习运用语文这个工具能动地生活的主体。无数事实一再证明，无论是听说还是读写，学生只有真正联系自己的生活，真正融入自己的情感，才能将知识迁移和内化。

第二节　大学语文教育的民族性

语文教育通常指的是指导人们学习祖国语言的教育活动。故而语文课程是一门教学生学习运用祖国语言文字的课程。语文教育具有鲜明的民

族性。语言是以特定的民族形式来表达思想的交际工具，在人们对世界、

对自身困惑的探究和理解的无穷进程中，语言占有核心地位，是维系人

与世界各种关系的基本纽带，是人的思想、感情、意志的主要表达手段。

人是按照他所学母语的形式来接受世界的，当这一民族在人类历史上作

为稳定的共同体出现时，语言就深深地打上了民族的烙印。

　　汉语属于世界大语系中的汉藏语系，以其独特的构形、语音、语义、

语法和语用体现着中华民族的历史积淀，凝结着民族精神、民族情怀、

民族立场，闪耀着华夏文明的光辉。汉语融入了中华民族的情感、态度、

价值观，也深深地打上了历史的、地域的、心理的烙印，是一种从形式

到表达都充溢着浓郁的民族特性的语言。而大学语文教育的民族性正是

由汉语独特的民族性所规约的。

一、汉语语音的民族性

　　我国是一个多民族、多语种的国家。汉语是我们中华民族的共同语，

有古代汉语和现代汉语之分。古代汉语分为书面语和口头语，因为口头

语言无法超越时空的限制，所以，我们现在所说的古代汉语，仅指被记

录下来的古代书面语，也就是古代文献语言。现代汉语分为标准语和方言。

现代汉语中的标准语，即我们大家熟悉的普通话，是我们国家的通用语言。普通话是在北方话的基础上发展而来的，是以北京语音为基础音，以北方话为基础方言，以典范的现代白话文著作为语法规范的现代标准汉语。

不同的语言有不同的语音系统，不同的语音亦有各自不同的语音单位。汉语语音的发展大致可以分为上古、中古、近古和现代四个时期。上古音指先秦两汉时期的语音，中古音指六朝到唐宋时期的语音，近古音指元明清时代的语音，现代音则指以现代普通话语音系统即北京音系为代表的语音。普通话的语音系统主要包括声母、韵母、声调、音节以及变调、轻声、儿化等。音节在汉语语音系统中具有非常重要的地位，它是区分汉语语系与印欧语系的一个重要标志。郭绍虞先生曾指出："古人作文不知道标点分段，所以只有在音节上求得句读和段落的分明；骈文和古文甚至戏剧里的道白和语录都如此，骈文的匀整和对偶，古文句子的长短，都是为了达成这个目的。"音节不仅是汉语与其他语系区分的标志，更使汉语语音产生了一系列与众不同的特点。

1.汉语是富于音乐性的语言

按照我国传统的声韵分析法，音节分为声母、韵母和声调三个部分。

声母为一个音节的开头部分，除零声母外，其余21个声母都由辅音充当，且以清辅音为主，清音声母17个，浊音声母只有4个。清辅音发音的特点是声带不需要振动，送出去的气流不带音；而浊音发音需要声带振动，送出去的气流带音。普通话音节中浊音少、清音多，听起来富有音乐的美感。

韵母是一个音节中声母后面的部分，普通话有39个韵母，分为单韵母（一个元音）、复韵母（两个或三个元音）和鼻韵母（元音加鼻辅音）三类，每一类又可分为若干种。普通话的音节可以没有辅音声母，但必有韵母，如"啊（a）"；一个音节中可以没有辅音，但必有元音，如"优（you）"。可见，普通话音节中元音占绝对优势，这就导致很多音节基本都是由复元音构成的。而元音是乐音，这样就使我们在使用普通话说话、诵读时语音响亮且动听。

声调是贯通整个音节高低升降的调子，即指每个音节在读出来时的声音变化。普通话共有阴平、阳平、上声、去声四个调类，并有与之相对应的调值。普通话中任何一段语音流，往往都不会以一个调值的音位重复出现，而是四个声调错落有致地铺排在一段有意义的音流上，并在主要元音上完美结合。这样就使得语音产生出高低抑扬的起伏变化，从而在听觉上形成一种抑扬顿挫的跌宕美。

普通话语音的这些特点，使得我们的汉语成为世上最具音乐美的语言。无论是古代的"关关雎鸠，在河之洲"（《诗经·关雎》）、"东风夜放花千树，更吹落、星如雨。宝马雕车香满路。凤箫声动，玉壶光转，一夜鱼龙舞"（辛弃疾《青玉案·元夕》），还是今天的"大河上下，顿失滔滔"（毛泽东《沁园春·雪》）、"小草偷偷地从土里钻出来，嫩嫩的，绿绿的。园子里，田野里，瞧去，一大片一大片满是的。坐着，躺着，打两个滚，踢几脚球，赛几趟跑，捉几回迷藏。风轻悄悄的，草软绵绵的"（朱自清《春》），读来都跌宕有致，极富音韵之美。不论是诗词曲赋，还是散文，都致力于让语句如行云流水般流畅，极力铺排、点染，以求得意象、意蕴的贯畅和音韵、节律的自然和谐。

2.汉语是双音节语言

"偶语易安，奇字难适"，指的是偶数音节的组合更能给人协调匀称的感觉。汉语中得以广泛流传的成语绝大多数取四字格形式，就是双音节化最明显的特征，其基本结构类型与双音节词语大致相同，如"破釜沉舟""千军万马""买椟还珠""四面楚歌"等，基本都是双音节的叠加，结构的整齐使音律更加和谐，表意的含蓄使表达效果更加典雅，彰显出语言的内在美。

汉语中的单音节，也通过复合法、附加法等方法大量转变为双音节，而三音节和三音节以上的词语也大量缩略为双音词。比如一个人姓文，我们可称他为"老文"或"小文"，却很少称之为"文"；一个人复姓"欧阳"或"上官"，我们一般不会称呼为"小欧阳"或"老欧阳"，"小上官"或"老上官"；而"网络购物""吹牛皮""装洋蒜"，则习惯表述为"网购""吹牛""装蒜"等。从韵律上看，双音节是标准音步，双音节词汇就自然形成了鲜明的节奏感，诵读时更加朗朗上口，因而在使用时，无论是语音表达还是语句的组合，都会显得更加和谐优美。如诗句"昔我往矣，杨柳依依。今我来思，雨雪霏霏"（《诗经·采薇》）、"列缺霹雳，丘峦崩摧。洞天石扉，訇然中开"（李白《梦游天姥吟留别》），规整的节奏与韵律，宜记宜读，悦耳动听。伴随着时代的发展而产生的一些新词语，大多数也为双音节，如"网购""微信""点赞""麦霸""博客""淘宝"等。可见，直至今天，人们依然习惯于用双音节表示新事物或新现象。有时若违背了双音节化这一传统，便会显得不和谐。比如"男大当婚，女大当嫁"这一俗语，若说成"男人大当婚，女人大当嫁"，便感觉有些别扭。

自古及今，人们习惯使用和乐于接受双音节，既是因为双音节化使汉语语音更加简单整齐、协调对称，更是人们的思维方式、认知方式使然。中国特有的地理位置、自然环境、气候条件、审美趣味等，养成了中国人追求不偏不倚、和谐对称的审美心理。无论是传统的四合院民居，还是皇家宫殿，其建筑格局都讲究"天圆地方"；园林设计中亭台楼阁与假山池塘的合理搭配，传统绘画中的留白，文学创作中的对仗与平仄等，都鲜明地体现出对"和谐对称"之美的崇尚。

二、汉语语法的民族性

语法是语言学的一个分支，指语言的结构方式，包括词的构成和变化、词组和句子的组织。每一种语言，尽管字形、字音不同，但其作用相同，都是用来"声其心而形其意"。人类大脑构造大致相同，所以不同语言、不同民族的人的思维可以说是相通的，作为思维工具的语言自然也有相同之处，即"皆有一定不变之律"。德国哲学家奥斯忒在 1630 年首次使用"普遍语法"这一术语，其研究也越来越受到语言学家的重视和认可。一切语言都有相似的语法范畴，但共性不能取代个性，普遍性不能代替特殊性。由于生活环境、历史发展、文化背景的差异，汉语语法与西洋语法有着不可替代的民族特征，主要体现在以下几方面。

1. 汉语语法的主体意识更强

与西方注重细密严整的逻辑形式不同，中国独特的地理环境和生活方式，使中国人养成了注重情志表现的心理特征和整体观照世界的思维方式。如习惯于用感性直观的方式认知和审视外部世界与内在自我，对世界的把握和认识具有灵活性、宽泛性等特点。这种认知和思维方式不仅体现在中华民族的行为举止中，也体现在其语言上，表现在汉语的语法特性上，便是"以神统形"和"以意得言"。

印欧形态语言，其语法意义通过直接外显、丰富的形态变化来表现。而汉语不同，汉语是思维主体化的产物，它依靠词语顺序或上下文的情境来表现，语序和虚词成为表达意义的重要手段。语序不同，语义就不同。如"我喜欢她"，换成"她喜欢我"，意思就变了，句意的变化只靠"主语"和"宾语"的位置互换。如果加上一个虚词，如"也"，就能使两个句子的意思统一起来，即"我喜欢她，她也喜欢我"。语序的变化所带来的不仅仅是语意的轻重与强弱的改变，还会改变整个句式，因此所表达的意思也就随之变化。比如同样的三个语素"不""怕""冷"，由语序的变化，可搭配出"不怕冷""冷不怕""怕不冷"这三个表意不同的语法结构，实现语意重心的转移。另外，虚词不同，意义也不同，如"她和你去"和"她或你去"意思迥异。

汉语重意念，词语组合往往依靠意合，词序可以意念来贯通。这就使得词语的组合有相当程度的灵活性和弹性，表现在句式上，则是动词、形容词可作主宾语，名词短语可以作谓语等，只要在语境下不造成误解，许多词语即便语法上不能搭配，也往往可以结合到一起。比如"最美最母亲的国度"（余光中《当我死时》），"母亲"一词是名词，但在句中却活用为形容词，不但不会突兀和难解，反而给人一种凝练、贴切而又新颖的感觉。

汉语是以意义的完整为目的，依事理逻辑的流动铺排来完成内容表达的，如"枯藤老树昏鸦，小桥流水人家，古道西风瘦马"（马致远《天净沙·秋思》），九组名词、九种景物构成了传颂千古的名句，各种景物的关系以及它们各自的动态与形状跃然纸上，所依赖的不是合乎常规的语法，而是情与景的妙合、心和物的相通。这主要得益于中华民族善于观物取象，乐于得意忘象、以意驭形，思维的连贯和意义上的衔接依靠的是词、句和辞格的蝉联与接驳。这与以动词为中心搭起语序或句子脉络的固定框架，强调主谓的一致性的印欧语系是完全不同的。

汉语的语法也体现出一种整体性和具象性，汉语的句子结构是散点透视的，它以内容的完整、意义的完整为目的，通过一个个语言板块（词组）的流动、铺排来完成内容表达的需要，讲究以"神"驭"形"。汉语的精神不是西方语言那种执着与知性、理性的精神，而是充满着感受和体验的精神。汉语中的词很容易使人联想到相应的意象，汉语的表达就是在逻辑思维指导、配合、渗透下相对独立的表象运动。

2.汉语语法具有结构简约性

"七月在野，八月在宇，九月在户，十月蟋蟀入我床下""我选择，我喜欢"，前者省略了主语，后者作为一款运动鞋的广告词省略了宾语；"知己知彼，百战不殆"则是省略了虚词。这是汉语注重意合、力求简约这一特征的典型例句，不像印欧语系语言具有严格的性、数、格等形态的变化。

汉语省略句多跳跃式结构，有灵活的构词方式、词类功能、词语搭配等，反映出汉语句法结构松散，成分具有较强独立性，但这种省略又在语言实践中易于为人们接受。

这种情况既与汉民族传统思维模式有关，又是民族文化在句子形式和事理之间调节所致，是一种意合的程序。如"林教头风雪山神庙"，运用通常的句法逻辑分析很难解释这类组合，但受整体综合的思维特征影响，汉语词语凭意会便可以随意组合，有时同一语义成分可以占据不同的句法位置，比如"她比我写得快""她写得比我快"。

"易简而天下之理得矣。"汉民族善于以简驭繁，这一点在汉语的语词单位上表现得很明显。由于崇简，汉语语词单位的大小和性质往往并无定规，可以有常有变、可常可变，也可以随上下文的声气、逻辑环境而加以自由运用。比如交际语"给我打电话"，亦可说成"电话我"；副词与名词结合而成的"很中国""很男人""很青春"等，在意会组合中形成简单而意蕴丰富的语汇，凸显出汉语的张力。

三、汉语文字的民族性

文字是历史的产物，一个民族的社会文明发展到一定阶段才会产生文字。各民族的语言都是以本民族的文化为背景，在本民族的文化土壤中滋长、成熟的。每一个民族为了适应其生存环境，均建立了一套自己的生活方式，并逐步形成了各自的生活观念。而一个民族的价值观、思维方式和生活习性是民族文化的内核，也是一个民族的独特性所在，它与该民族的文字有一定的相关性。特别是汉字这样一种古老的表意性很强的文字，从字形到构词，都会映射出民族的个性特征，诸如善于从整体的角度来观察和体验世界，追求天人合一、浑然一体等，也反映出民族的心理状态、价值观念、生活方式、道德标准、风俗习惯和审美情趣等。

汉字是中华民族独创出来的文字，至今已有数千年的历史。仓颉被尊为"造字圣人"。《淮南子》云："仓颉作书而天雨粟，鬼夜哭。"因为有了文字，"造化不能藏其密，故天雨粟；灵怪不能遁其形，故鬼夜哭"。有了汉字，才有了辉煌璀璨的诗词歌赋，才有了汪洋恣肆的书法艺术，才有了记载历代变迁的百家史册，才有了得以薪火相传数千年的中华文明。

世界上其他几种古老的文字，如苏美尔人的楔形文字、古埃及文字、玛雅文字已先后消失，只有汉字成为当今世界上仅存的表意文字。经过几千年的积淀，即使在当今的信息科技时代依然经久不衰，散发着其独特的生机和魅力。传承至今，汉字已不再单单是一种文字了，其本身就是一座文化宝藏，它早已成为民族文化中至关重要的一部分，离开汉字，中华文化就是无源之水、无本之木。正如申小龙在《语言：人文科学统一的基础和纽带——文化语言学丛书总序》中所述的："在一切社会现象和自然现象中，只有语言和遗传代码是人类从祖先传给后代的两种最基本的信息。"在人类自身困惑的探究和理解的漫长进程中，语言占有核心地位，它构成人类最重要的文化环境。当民族在人类历史上作为一种在语言、居住地域、经济生活、心理状态上的稳定的共同体出现时，语言就深深打上了民族的烙印，成为民族文化最典型的表征。

1.汉字与表音文字不同，是形、音、义的统一体

拼音文字中一个字的拼写就反映出语言中一个符号的语音面貌，按照字母的拼法就能把字音读出来。以方块构形的汉字，不同于拼音文字，具有以形表意的特点，往往能见"形"即知"义"，甚至可以说每一汉字都有一段传奇，都有一个故事，每一个汉字都蕴含丰富的文化信息，因为中国人把对外部世界的认识和自身的情感体验以及道德标准都蕴藏于文字之中。汉字的一笔一画都反映出我们祖先认识事物的特点及蕴含

的深刻内涵。从自然之象到文字之形，这种"以意赋形、以形写意"的造字规律，恰好体现了中华民族感性的、整体的、非理性的认知方式和思维特征。

汉字不但义存于声，而且义寄于形，创造性地利用文字的平面性，将形、音、义等大量信息集中在一个小方块中。从结构上看，汉字比一般的表音文字多了一个"形"，而"形"的获得缘于中华民族"盈天地之间者唯万物"的传统思维方式，认为一切运动肇始于事物，事物是一切运动的主体，由此养成了"观物取象"的直觉思维习惯。所以说中华民族对物象的态度与其说是科学的，不如说是艺术的、诗性的。比如山，甲骨文的"山"字有多个山峰，因山多是连绵起伏的；如"逐"字，像人追豕之形。汉字不仅具有突出的"观物取象"的特征，而且充分体现出造字者直觉式的思维模式，"立象"的目的是"尽意"，其"象"中包含着体悟，以其"象"引导文字使用者去感悟其中的意蕴。

同时，中华民族还善于对事物通过经验的综合进行整体把握，不经过抽象分析、逻辑推理，亦可用直观的、可感知的形态将抽象概念表现出来，诸如抽象名词、方位词、形容词等。例如"左、右"两个表示方位的字，无法以实物来取象，无法直接诉诸本质特征来描述，而是采用形象譬喻，用人的左、右两手来表示方位。这种方式所造出来的字是直观的，人们可以凭直觉感知出来。如"扑通"给人以动感，"沉甸甸"则让人感受到重量，这种构词依靠的不只是经验、体味和领悟，还是中华民族重视整体直观、重视综合分析的思维特点的反映。

2. 汉字具有古今传承性

汉字是中华民族智慧的结晶，历经数千年从未中断。中国古代尽管经历了朝代更迭，但总体上保持了相对稳定。高耸入云的喜马拉雅山脉，阻挡住了强大的外族入侵，保证了文化的延续性，促成了中华民族共同的文化心理；社会的相对稳定，也使包含文字在内的文化保持了稳定发展，使汉语言文字古今相通、南北相达。

几千年来，人类有几种独立发展的古老文字体系。其中最著名是玛雅文字、巴比伦文字、古埃及象形文字以及中国汉字，它们都源于以图画式的表意符号为主体的文字体系。但随着历史的演进，大多古老文字体系或已湮没，或为拼音文字所取代，而中华文明的源流却从未中断，中华民族已经相对固化了的具象思维特征，使汉字始终保留图画表意的特征。

语言是始终处于变化之中的，诸如使用拼音系统的文字，常因语言的变化而改变拼写方式，致使其在古今不同阶段，看起来好像是完全没关系的异质语言文字。音读的变化不但表现在个别词汇上，有时还会改变语法的结构，使同一种语言系统的各种方言有时会因差异太大而不能交流，若非经过专业学习与训练，根本无法读懂百年前的文字。但是，汉字从文字图画到图画文字，再到甲骨文、金文、大篆、小篆、隶书、草书、行书、楷书，形体虽多有变异，音读也有了不同，结构却未变，这就使汉字打破了语音的羁绊和时空的局限，成为一种可直接"视读"的"活化石"。不同于拼音文字，按照字母的拼写阅读，语音一变，拼写法也得跟着变，比如古代的拉丁语发展为现代的意大利语、法语、英语等语言，记录拉丁语的拉丁文也随之改变。如果只知道现代法语、意大利语的拼写法，想学习古典拉丁语是行不通的，必须专门学习古典拉丁语的拼写法。汉字却不一样，从古到今尽管经历了从篆书到隶书、楷书的书写形式变化，语音面貌也随着时代的变化发生了很大变化，但方块字形却保持不变；汉语尽管在不断发展，而记录它们的汉字却基本稳定，长期承载着汉语的不同变体。同一个汉字，各地读音不一，广东人用广东话读，四川人用四川话读，湖南人用湖南话读，相互之间可以听不懂，但都认识；无论是南腔还是北调，都可以通过文字进行交流。即便是看古文古书，也不必像拼音文字一样，先得学古音，而且各种方言区的人都能看懂。

字母文字是基于读音的文字，语言不同，随着时间的推移，自然会形成不同种类的文字。中国的象形文字却截然不同，它能够超越语音的区别，成为不同时代、不同方言区的居民之间交流与联系的纽带。无论时代怎样变迁，汉语如何发展，记录汉语的汉字却始终坚定，在交流与传播中始终是中华民族的共同语言。

3.汉字具有审美性

汉语是一种美的语言，汉字是一种美的文字。诚如鲁迅先生在《汉文学史纲要·自文字至文章》中所说，"中国文字具有三美：意美以感心，一也；音美以感耳，二也；形美以感目，三也。"作为传播语言信息的符号系统，汉字从产生之初就有了实用价值之外的艺术审美价值。汉字的造字是以象形为基础的。所谓象形就是像物之形，甲骨文中有许多象形字，如日、月、虎、鹿、犬、燕等，透过字形，我们可以感受到先民对事物细致的观察力、高度的概括力和高超的想象力，从中可以洞悉他们的聪明才智和艺术才华。独特的认知方式使得汉字在滥觞时期就被注入了艺术的基因和审美的特性。

在华夏五千年文明的发展过程中，汉字是思想交流、文化传承的载体。汉字由点和线组合而成，具有高度抽象化的特质，人们在书写汉字时点画排布合理，结构疏密得当，虚实相生，笔势自然流畅，故其本身就有了造型表象的艺术特点，在点画的均衡、对称以及彼此间或明或暗中，汉字书写逐渐形成了一种"无言的诗，无形的舞；无图的画，无声的乐"的造型艺术——汉字书法。通过结构的疏密、点画的轻重和行笔的缓急，表现作者的情感，抒发自己的意境，就像音乐艺术从群声里抽出纯洁的乐音来，发展这乐音间相互结合的规律。用强弱、高低、节奏、旋律等有规则的变化来表现自然界、社会的形象和自己的情感。这在世界各种文字的发展史上都不能不说是一个奇迹，没有任何其他文字像汉字的书写一样，最终发展为一种独特的艺术形式，并且源远流长。汉字不仅是中华民族的文化瑰宝，还在世界文化艺术宝库中大放异彩。正如宗白华先生所言，"中国人的这支笔，开始于一画，界破了空虚，留下了笔迹，既流出了人心之美，也流出了万象之美。"

第三节　大学语文教育的人文性

德国著名哲学家尼采曾将教育分为两种：一种是生存的教育，其目的是追求知识，获取尘世幸福，赢得生存竞争；另一种是文化的教育，其目的是直面永恒的生命意义。概括来讲，教育的终极目标就是立德树人，教育是关乎人的灵魂的事业，是要让人性更完善、人格更完美，进而使人生更富有价值与意义。复旦大学前校长杨玉良曾说："一颗没有精神家园的心灵，不可能思考自己生命的意义和价值，因此也不可能对他人有真正的情感关切，对社会有真正的责任心。"物质生活的丰富和满足不是人生命的全部，只有精神与灵魂达到一定的高度才是社会的人的最终确证。因此，帮助学生立德、助力学生成人是每一个教育工作者的职责所在。诗人叶芝说，"教育不是注满一桶水，而是点燃一把火。"学校不仅是储存知识的仓库，还应是文明的摇篮；教师不仅要"授业""解惑"，不仅是"经师"，还应该要"传道"，为"人师"。教育的根本目的是对学生的精神和灵魂的陶冶。教师的责任是点燃学生探索真理和寻找生命意义的激情之火，让学生领悟什么是真理，怎样追求真理；领悟什么是生命及其价值，如何尊重和爱惜自己与他人的生命。

人文教育的目的是要让学生成为全面发展的真正的"人"，这一目的应贯穿于每一门课程的教学始终。所有课程中最能有效地实现育人功能、最能直面永恒生命意义的莫过于语文。大学语文教育不仅仅旨在培养学生的语文素养和语言能力，更是一种精神教育、人文教育，重在对学生心智的开发与灵魂的启迪。在学生学习与品读文学作品的过程中，他们可以感受文本的思想意蕴和艺术魅力乃至作者的人格魅力，同时，会自觉或不自觉地学会思考人与人、人与社会、人与国家、人与世界之间的关系，日复一日地学与思，会促使作品中的思想、情感不断地流淌到学生的心田，逐渐内化为学生的个人品质和个人的人文素养。可以说，大学语文教育的功能重在培养既能吟诗作赋、博古通今，又有良好的道德品质和礼仪风范的人。

一、大学语文教育是情感沾濡的教育

教育的最高目标是实现人的全面发展，而人的全面发展离不开情感的发展，情感是每个人人格发展的重要因素。美好的情感品质，可以促进人格的健康发展，促进情商和智商的全面提高。而美好情感的培养在很大程度上有赖于情感教育，情感教育是关注人的情感层面如何在教育的影响下不断产生新质，走向新的高度，也是关注作为人的生命机制之一的情绪机制，如何与生理机制、思维机制一道协调发挥作用，以达到最佳的功能状态。情感教育的目的是培养学生的社会性情感，提高学生对情绪情感的调控能力，帮助学生对自我、环境以及两者之间的关系产生积极的情感体验，而其终极目标则是培养健全人格。

情感变化是一个长期的过程，积极美好的情感需要慢慢培养，需要在受教育的过程中去不断感受和体验，激发出内心深处的情感，从而使情感在认知和体验发生共鸣的时候得到升华，形成一种坚定的信念，进而内化为自身的品德。学者刘晓伟指出："情感教育应该是一种唤醒教育，情感教育的过程就是生命唤醒的过程，在这一过程中，可以强化个体的生命意识，挖掘个体的生命潜能，彰显个体的生命价值，从而促进个体与社会的和谐发展。"大学语文教育，除了发挥其工具作用，培养学生的语文能力，提升学生的认知功能和发展学生的智力外，还要注重学生非智力素质的发展，强化情感教育的正面熏陶作用，将多姿多彩的情感体验带给学生，让学生去感受世界上的真善美，感受作家作品中细微的情感变化，潜移默化地促进良好人格的形成。

语文学科的内在本质决定了它拥有丰富且宝贵的情感教育资源，无论哪个阶段的语文教材，其中的每一篇文章都是精挑细选的经典之作，每一篇作品都是作者内心情感的体现与折射。正如刘勰在《文心雕龙·知音》篇中所言："夫缀文者情动而辞发，观文者披文以入情，沿波讨源，虽幽必显。"苏轼《江城子·十年生死两茫茫》对亡妻的悼念之情，朱自清《背影》对父亲的怀念与赞美之情，柳永《八声甘州》的悲苦悱恻之情，李煜《虞美人》的悔恨哀伤之情，李商隐《无题·相见时难别亦难》中执着而坚贞的爱情，文天祥《过零丁洋》中洋溢的爱国之情等，或崇高悲壮，或清纯委婉，或淡雅优美，都是作者真情实感的真实表达。作者在构思、创作作品的过程中赋予了它们美好而丰富的情感魅力。同时，作品情感的表达也常常不是单一的，而是多种情感的交织和融合。例如，辛弃疾的《破阵子·为陈同甫赋壮词以寄之》，在表达壮志难酬的悲凉时，既写出了豪迈情怀，又写出了悲痛愤慨。马致远的《天净沙·秋思》，不仅有"枯藤老树昏鸦""古道西风瘦马"的苍凉，也有向往"小桥流水人家"的闲适与温馨。苏轼的《水调歌头·中秋》，既有"乘风归去"的"出世"之念，又有"起舞弄清影，何似在人间"的"入世"之情；既有"人有悲欢离合，月有阴晴圆缺"的怅恨，又有"但愿人长久，千里共婵娟"的祝愿；等等。

"感人心者，莫先乎情"（白居易《与元九书》）。愉悦的情绪有益于触发人的灵感，使人思维敏捷。情绪状态与人的认知和思维活跃程度密不可分，人需要丰富的情感体验和理论智慧的熏陶。正如苏霍姆林斯基所说："只有当情感的血液在知识的肌体中欢腾跳跃的时候，知识才会融入人的精神世界。"大学语文教育的重要任务就是要引导学生去体会情感、品味情感。大学语文教育实践，让学生不同程度地感受亲情、友情、爱情，感受世界的美好和人生的乐趣，使他们的情感日益丰富，形成良好的情感品质，树立正确的世界观、人生观和价值观，激发他们践行社会主义核心价值观、为国家建设事业而努力奋斗的动力。

二、大学语文教育是审美浸润的教育

美是人类提高自己和超越自己的一种社会机能。有了这种机能，人就能够从野蛮走向文明，从单纯的自然存在，走向自觉的有意识的精神存在。美是人类精神文明的结晶，它能提高人的修养和境界。艺术的最终目的就是使人们更真切地懂得生活的真谛，更加热爱生活。

党的十九大报告明确提出："中国特色社会主义进入新时代，我国社会主要矛盾已经转化为人民日益增长的美好生活需要和不平衡不充分的发展之间的矛盾。"随着物质生活水平的提高，人们对精神生活的要求也日益提高。而审美教育恰是一种超功利性的，以造福全人类为目的，以解放情感、开阔视野并走向自由为核心的独特的人文教育活动。

首先，审美教育可以促进学生智力的发展。一方面，审美艺术活动可以激发学生的情感。学生在艺术美的刺激下，情绪受到感染，心灵受到浸润，感性与理性、主体与客体自然协同，而这种状态正是人的创造力迸发和释放的最佳时机。另一方面，审美过程能调节学生的思维方式，提高他们的全面思维能力，增强他们的观察能力、想象能力和创造能力，从而促进其智力水平的提高。其次，审美教育可以促进学生非智力因素的发展。审美教育是一种情感教育，通过审美活动给学生的情感以自由解放的机会，给学生以情感的享受和无限的想象，进而将其带入一个纯洁美好的境界。再次，审美教育可以促进学生创新能力的发展。审美是诉诸人的情感、直觉、无意识等非理性领域的，审美教育能够激活传统教育中学生未利用的非理性因素，使学生的大脑进入一种舒展和机敏的良好状态，保持旺盛的活力。总之，审美教育是培养学生以美的方式感受、认识世界，帮助学生树立高尚的审美理想、正确的审美意识和健康的审美情操，促使学生实现对自身未来真善美的展现以及对人的生命存在及其发展的整体关怀。正如黑格尔所说，艺术又好像存在一种较高尚的推动力，它所要满足的是一种较高的需求，有时甚至是最高的绝对的需要，因为艺术是和整个时代整个民族的一般世界观和宗教旨趣联系在一起的。

审美是人的一种精神需要。美国心理学家马斯洛认为人都潜藏着七种不同层次的需要，即生理需要、安全需要、归属和爱的需要、尊重的需要、认知的需要、审美的需要和自我实现的需要。这些需要在不同时期表现出来的迫切程度是不同的：一类是沿生物谱系上升方向逐渐变弱的本能或冲动，称为低级需要；一类是随生物进化而逐渐显现的潜能或需要，称为高级需要。生理需要和安全需要属于低级需要，而另外的五个层次——归属和爱的需要、尊重的需要、认知的需要、审美的需要和自我实现的需要属于高级需要。人的需要按重要性和层次性排成一定的次序，从基本需要（如食物和住房）逐步上升为复杂需要（如自我实现）。人的某一级需要得到最大限度满足后，才会追求高一级的需要，如此逐级上升，成为推动继续努力的内在动力。正如墨子所言"食必常饱，然后求美"，亦如管仲所说"仓廪实而知礼节"。

一个人若缺乏审美能力，生活会十分乏味，情感会特别空虚，心胸也会异常狭窄，就不可能对事业有执着追求，更不会有崇高的社会理想。比如当今社会上存在的遇事冷眼旁观、歪风邪气不予抵制、重金钱不重气节、视操守为虚无等，以及不少学生对社会生活中的美丑不能分辨、对自然风光不懂欣赏、对艺术作品蕴含的审美价值难以领悟，都可以说是缺乏审美能力和审美教育的表现。

大学语文教育是一种审美教育，因为语文本身富含美的因素，对学生精神的充实、情感的丰富和人格的健全等生命意义建构优于其他学科。无论是其语言还是文字，都蕴含着形式和内质之美，可以培育学生的审美能力和审美理想。充满着音乐美的语言，跃动着绘画美的文字，含蓄的词句，匀称的段落，完整的篇章，既有声音之美、线条之美、色彩之美，也有辞章所蕴含的自然美、社会美等。语文的阅读和聆听是对美的感受和欣赏，而语文的运用（说话和写作）则是对美的表现和创造。大学语文教育能把学生带进一个美的世界，以美来涤荡学生的心灵，改变学生的精神面貌，让学生在美的享受中增加生命的厚度、记忆的深度，在美的感悟中不断成长和成熟。

大学语文教育是以美启真的教育活动。大学语文教育的目标之一就是引导学生发现美、鉴赏美和创造美。在美的语言、美的意象、美的意境中陶冶审美情趣，在自然美、社会美中寻找人生真谛。如在欣赏作品描摹的自然景观美时，不仅可以感受到大自然的鬼斧神工和无限美好，也可以感受人与自然的和谐。而在体味作品叙写的人性美、人情美，感受生活中的真诚、善良与美好的同时，内心会为之肃然起敬。

总之，学生在欣赏散文、诗歌、小说时，不仅认知可以获得启迪，心灵受到净化，更让美与丑、善与恶、真与假自然可辨。同时，在语文学习的审美活动中，学生可透过作品中的人与物反观自我、审视人生，让美的事物以无声的方式传递"美"的真谛，最终促使学生成就真实的自我和有趣的灵魂。

大学语文教育是以美育德的教育活动。语文学科有别于其他学科，其内容包罗万象，集自然美、艺术美、社会美于一体，将人类社会和大自然多姿多彩的风貌，十分和谐地融入语言文字之中，蕴含着中华民族生存发展、兴旺发达的重要精神力量。大学语文教育具有极其丰富的德育内容，但是它不同于思想政治课程教学，不以理论教育为手段，而是在美的体验与感悟中，在美的诱导和陶冶下，激起情感上的共鸣，使社会的道德诉求成为美的规范，以"润物细无声"的方式渗透到道德认知中，升华道德情感，从而使社会道德规范和善恶观念潜移默化地影响学生品德的形成，塑造学生美的心灵和美的人格。诚如王国维先生所言："真正之德性，不能由道德之理论，即抽象之知识出，而唯出于人己一体之直观的知识，故德性之为物，不能以言语传者也……抽象的教训，对吾人之德性，即品性之善，无甚势力。"

艺术可以使一切极具人情、本来无生气的东西生机勃勃。大学语文教育可以通过寓教于情的方式，借助形象可感的手段，使学生在完全自由的状态下，既不受内在理性的束缚，也不受外在客观环境的影响，通过对美好事物的感同身受，自然激发起情感上的喜爱和价值上的认同，自觉形成一定的审美认知和审美评价，从而内化为道德情感，并上升为道德意志。积极、稳定、持久的道德意志不断地被强化并指导外在行为，在"无律—他律—自律—自由"的实现途径中，自觉地将抽象的道德认知内化为自我的美好道德情感，实现真善美的统一，从而使学生在知识启迪、道德提升、人格完善的过程中，自觉地全面发展。

大学语文教育是以美怡情的教育活动。大学语文教育不是单纯的语文知识和听说读写技巧的教育，更不是一种单调枯燥的机械性的学习与训练，而是具有情感性、意境性、形象性的教育。只要能充分发掘语文教学内容中美的因素，使用适宜的教学方法，就能使学生将对美的追求、热爱和对语文的兴趣、爱好和谐地统一起来，使学生通过语文学习获得心理上、精神上的愉悦，并在美的熏陶和享受中成长与成熟。语文教学内容广泛，从古及今，无论是诗歌、散文，还是小说、戏剧，都累积了数千万的名篇佳作，且都含有丰富的美育因素。作品中准确精妙的语言运用，或急促或迂缓或高亢或低回的语调，回环往复的旋律，曲折变化的意绪，波澜迭起的布设等，往往带来表达上的一唱三叹之美；有血有肉、完整丰满的人物形象塑造，情景交融、绘声绘色的意境，完整有序、主题明确的结构等又营造出无限的意境之美。大学语文教育从形式到内容都蕴含着丰富的艺术美。学生在美的熏陶下，情感自然被唤醒，客观转换为主观，从而与之共鸣，性情自然得到陶冶。

语文是语言的艺术，大学语文教育从某种意义上讲是艺术美的教育。语文教学内容皆是优秀的篇章，从不同角度和不同层面带给学生美的享受，既能陶冶学生的情操，更能提高学生对生活、对外物的审美能力和欣赏水平。这些优秀的文学作品，用艺术的美吸引学生，唤起学生的审美情感，让学生在感知美的同时实现对美的人格的培养。

第二章　大学语文教学的理论基础

第一节　建构主义理论

一、建构主义理论概述

建构主义也称作结构主义，是认知心理学派中的一个分支，其代表人物是皮亚杰、科恩伯格、斯滕伯格、卡茨、维果斯基。皮亚杰是认知发展领域最有影响的一位心理学家，他所创立的关于儿童认知发展的学派被人们称为日内瓦学派。皮亚杰关于建构主义的基本观点是，儿童是在与周围环境相互作用的过程中，逐步建构起关于外部世界的知识，从而使自身认知结构得到发展的。儿童与环境的相互作用涉及两个基本过程：同化与顺应。同化是指个体把外界刺激所提供的信息整合到自己原有认知结构内的过程；顺应是指个体的认知结构因外部刺激的影响而发生改变的过程。同化是认知结构数量的扩充，而顺应则是认知结构性质的改变。认知个体通过同化与顺应这两种形式来达到与周围环境的平衡；当儿童能用现有图式去同化新信息时，他处于一种平衡的认知状态；而当现有图式不能同化新信息时，平衡即被破坏，而修改或创造新图式的过程就是寻找新的平衡的过程。儿童的认知结构就是通过同化与顺应逐步建构起来，并在"平衡—不平衡—新的平衡"的循环中得到不断地丰富、提高和发展的。

建构主义理论的一个重要概念是图式，图式是指个体对世界的知觉理解和思考的方式，也可以把它看作心理活动的框架或组织结构。图式是认知结构的起点和核心，或者说是人类认识事物的基础。因此，图式的形成和变化是认知发展的实质，认知发展受三个过程的影响：同化、顺化和平衡。

建构主义者认为，世界是客观存在的，但是每个人对于世界的理解以及对于世界所赋予的意义是不同的。人们以自己的经验来理解世界，由于人们的经验各不相同，对世界的解释也就大不相同。古宁汉认为："学习是建构内在的心理表征的过程，学习者并不是把知识从外界搬到记忆中，而是以已有的经验为基础，通过与外界的相互作用来建构新的理解。"建构主义认为，知识不是通过教师传授得到的，而是学习者在一定的社会文化背景下（一定的情境），借助其他人（教师和学习伙伴）的帮助，利用必要的学习资源，通过意义建构的方式获得的。它强调学生在学习过程中处于核心地位，教师应当充分利用丰富的教学资源和灵活多样的教学手段，帮助学生建构知识，促使学生由"要我学"向"我要学"转变。建构主义理论的内容很丰富，但其核心可以概括为：以学生为中心，强调学生对知识的主动探索、主动发现和对所学知识意义的主动建构。

建构主义教育理论认为：知识是相对的和不断变化的，不能通过直接传授的方法教授给学生，而必须依靠学生积极主动地建构，即学习者在一定的情境和社会背景下，借助其他人的帮助，充分利用各种学习资源，通过意义建构而获得。由于知识是在一定的情境下借助他人的帮助而实现的意义建构过程，因而"情境创设""协作学习""会话交流"和"意义建构"是学习环境中的四大要素。其中，"情境"是指学习者学习活动的社会文化背景，它有利于学习者对所学内容的意义建构。因此，教学设计不仅要考虑教学目标分析，还要考虑不利于学生建构意义的情境创设问题，并把情境创设看作是教学设计的重要内容之一。"协作"是指学习者在学习过程中教师和学生的相互作用，协作发生在学习过程的始终。"会话"是协作过程中不可缺少的环节，是建构的重要手段之一，学习小组成员之间必须通过对话商议如何完成规定的学习任务计划。"意义构建"是整个学习过程的最终目标，其建构的意义是指事物的性质、规律以及事物之间的内在联系。在学习过程中帮助学生建构意义就是要帮助学生对当前学习内容所反映的事物的性质、规律以及该事物与其他事物之间的内在联系达到较深刻的理解。这种理解在大脑中长期存在的形式就是图式，也就是关于当前所学内容的认知结构。同时，对于许多学科，特别是人文学科来说，应该鼓励学习者建构出自己独特的意义，形成独特的认知结构。

建构主义提倡在教师指导下的以学习者为中心的学习，也就是说既强调学习者的认知主体作用，也不忽视教师的指导作用。教师是意义建构的帮助者、促进者，而不是知识的传授者与灌输者，学生是信息加工的主体，是意义的主动建构者，而不是外部刺激的被动接受者和被灌输的对象。

信息网络的基本特征和它映射于语文教学所体现出来的特征，契合于建构主义的基本理论需求。网络信息的丰富多彩给探究问题达到深层理解提供了材料上的保证，网络的空间特征满足了语文教学创设学习情境并对之实施及时动态的有效控制的空间要求。网络传播的解构功能不仅可以增强学习者的兴趣和挑战心理，也是促成学习者对周围瞬息万变的真实信息世界进行理解性重构的重要因素之一。建构主义理论是网络环境下实施语文教学的重要理论基础。

二、建构主义的教学思想

（一）建构主义的知识观

第一，知识不是对现实的纯粹客观的反映，承载知识的符号系统也不是绝对真实的表征。它只不过是人们对客观世界的一种解释、假设或假说，它不是问题的最终答案，必将随着人们认识程度的深入而不断地变革、升华和改写，出现新的解释和假设。

第二，知识并不能绝对准确无误地概括世界的法则，不能提供对任何活动或问题解决都适用的方法。首先，在具体的问题解决中，知识不可能一用就准、一用就灵，而是需要针对具体问题的情景对原有知识进行再加工和再创造；其次，知识不可能以实体的形式存在于个体之外，尽管通过语言赋予了知识一定的外在形式，并且获得了较为普遍的认同，但这并不意味着学习者对这种知识有同样的理解。真正的理解只能是由学习者自身基于自己的经验背景而建构起来，取决于特定情况下的学习活动过程。

（二）建构主义的学习观

第一，学习不是由教师把知识简单地传递给学生，而是由学生自己建构知识的过程。学生不是简单被动地接收信息，而是主动地建构知识的意义，这种建构无法由他人来代替。

第二，学习不是被动接收信息刺激，而是主动地建构意义，是根据自己的经验背景，对外部信息进行主动地选择、加工和处理，从而获得自己的意义。外部信息本身没有什么意义，意义是学习者通过新旧知识经验间的反复的、双向的相互作用过程建构而成的。因此，学习不像行为主义所描述的"刺激反应"那样被动。

第三，学习意义的获得，是每个学习者以自己原有的知识经验为基础，对新信息重新认识和编码，建构自己的理解的过程。在这一过程中，学习者原有的知识经验因为新知识经验的进入而发生调整和改变。

第四，同化和顺应是学习者认知结构发生变化的两种途径或方式。同化是认知结构的量变，顺应则是认知结构的质变。同化—顺应—同化—顺应，循环往复，平衡—不平衡—平衡—不平衡，相互交替，人的认知水平的发展，就是这样的过程。学习不是简单的信息积累，而是包含新旧知识经验的冲突，以及由此而引发的认知结构的重组。学习过程不是简单的信息输入、存储和提取，是新旧知识经验之间相互作用的过程，也就是学习者与学习环境之间互动的过程。

（三）建构主义的学生观

第一，建构主义强调，学习者并不是空着脑袋进入学习情景中的。在日常生活和以往各种形式的学习中，学习者已经形成了有关的知识经验，他们对任何事情都有自己的看法。即使有些问题他们从来没有接触过，没有现成的经验可以借鉴，但是当问题出现时，他们还是会基于以往的经验，依靠他们的认知能力，形成对问题的解释，提出他们的假设。

第二，教学不能无视学习者已有的知识经验，简单强硬地从外部对学习者实施知识输入，而是应当把原有的知识经验作为新知识的生长点，引导学习者从中形成新的知识经验。教学不是知识的传递，而是知识的处理和转换。教师不单是知识的呈现者，教师应该重视学生自己对各种现象的理解，倾听他们的想法，思考他们这些想法的由来，并以此为据，引导学生丰富或调整自己的解释。

第三，教师与学生、学生与学生之间需要共同针对某些问题进行探索，并在探索的过程中交流和质疑，了解彼此的想法。由于经验背景的差异，学习者对问题的看法和理解经常千差万别。其实，在学生的共同体中，这些差异本身就是一种宝贵的现象资源。建构主义虽然非常重视个体的自我发展，但是也不否认外部引导，即教师的影响作用。

第二节　系统科学理论

系统科学理论是研究一切系统的模式、原理和规律的科学。它是在系统论、控制论、信息论（简称"旧三论"）的基础上发展起来的，并逐渐出现了耗散结构论、协同论、突变论（简称"新三论"）。系统科学理论既是现代自然科学、社会科学、思维科学发展和综合的结果，又是现代科学研究的一般方法论。系统科学理论对现代科学的跨越式发展起到了极大的推动作用，对其他学科具有方法论的指导作用，对教育科学这一涉及诸多学习变量和教学变量的复杂系统更是具有积极的启发意义。系统科学理论对教学技能的学习与训练也具有积极的指导作用。

一、系统论、控制论、信息论概述

（一）系统论、控制论、信息论

1. 系统论

系统论的主要创立者是美籍奥地利生物学家贝塔朗菲。20 世纪 40 年代末，他在《一般系统论》中提出了"一般系统论"的观点，奠定了系统论的基础。该理论把自然界、人类社会及人类思维都看作具有不同特点的系统。系统是由两个以上相互作用和相互联系的要素结合而成的，是具有特定的整体结构和适应环境的特定功能的有机整体。系统各部分之间的相互作用越协调，系统结构就越合理，系统在整体上就越能达到较高水平，从而实现整体的功能大于各部分功能之和。宇宙中的任何事物都是以系统形式存在、发展着的，教学技能同样也是以系统的形式存在和发展着的。如果用具有普遍指导意义的系统思想和方法指导教学技能的训练和应用，将使教学技能更有效，且更易实现从教学技能到教学技巧、教学技艺乃至教学艺术的转变。

2. 控制论

控制论的主要创立者是美国学者、数学家维纳。他于 20 世纪 40 年代末出版了《控制论》，阐明在生物科学和物理科学中，控制和通信有着共同的规律。我国学者查有梁在《系统科学与教育》一书中为控制论下了这样一个简要的定义：控制论是关于生物系统和机械系统中控制和通讯的科学。系统的输出变为系统的输入就是反馈，通过反馈实现有目的的活动就是控制。一个系统既有控制部分将控制信息输入到受控部分，也有受控部分把反馈信息传送到控制部分，形成一个闭合回路，来实现系统的有效控制，并由控制论产生了反馈控制法。这种方法认为：任何一个系统因内部变化、外部干扰都会产生不稳定，为保持系统稳定或按照一定路径达到预定目标，就必须进行控制。学习可以看成是一个信息加工的过程，若这一过程中的各个环节能够得到有效控制，使教与学之间的信息转换与反馈正常进行，就会使教学的效率和质量得到极大的提高。因此，控制论中的相关理论与方法必然会对如何有效控制教学过程，实现教学优化提供科学依据与指导。

3. 信息论

信息论是研究各种系统中信息的计量、传递、变换、贮存和使用规律的科学。其原始意义主要是一门通讯理论，即希望通过对各种通信系统中信息传输的普遍规律的研究，提高通讯系统的有效性和可靠性。当它应用于教育系统，则可以理解为通过对教育系统中教学信息输入输出的一般规律的研究，即通过分析教学信息，分析教学系统的信息传播特点与规律，以及处理教学信息等，达到提高教育教学系统中教学有效性的目的。

（二）系统科学的基本原理

系统论、控制论、信息论这三论，既相互区别，又相互渗透、相互联系，统称为"旧三论"。从中提炼出来的系统科学的基本原理对教学技能的训练和应用有着指导作用。

1. 整体原理

任何系统只有通过相互联系形成整体结构才能发挥整体功能，系统中各要素是相互作用、相互依存的，没有整体联系、整体结构，要使系统发挥整体功能是不可能的。在教学技能的训练和应用中，应把教学技能看作一个系统，从宏观上把握，从整体上分析，综合考虑课堂教学过程中的各个要素和环节，使教学技能的整体功能得以有效发挥。

任何系统只有开放、有涨落、远离平衡态，才可能走向有序，形成新的稳定的有序结构，以使系统与环境相适应。在教学技能的训练和应用中，要处理好各种教学技能之间以及教学技能与外部教学环境之间的关系，使它们之间形成平衡的、有序的状态。教学系统要在社会环境中存在和发展，要与外界有信息、物质等的交换，必然要求它是一个开放的系统，要不断地吸收各学科的新信息，引进先进的技术，使之从无序走向有序，使教学技能适应不断变化的教学环境。

2.反馈原理

任何系统只有通过反馈信息才可能实现有效的控制。一个控制系统，既有输入信息，又有输出信息，系统的控制部分根据输出信息（反馈信息），进行比较、纠正，调整它的输入信息（控制信息），从而实现控制。在教学技能的训练和应用中，要随时根据反馈信息来了解教学情况，对教学过程进行协调控制以实现教学系统的功能。

二、耗散结构论、协同论、突变论概述

（一）耗散结构论、协同论、突变论

1.耗散结构论

20世纪60年代末，比利时物理学家普利高津提出了"耗散结构"学

说，它回答了开放系统如何从无序走向有序的问题。耗散结构理论认为，有序来自非平衡态，非平衡是有序源。在一定条件下，当系统处于非平衡态时，它能够产生、维持有序性的自组织，不断与外界交换物质和能量，系统本身尽管在产生熵，但又同时向环境输出，输出大于产生，系统保留的熵在减少，所以走向有序。"耗散"的含义在于这种结构的产生不是由于守恒的分子力，而是由于能量的耗散，系统只有耗散能量才能保持结构稳定。耗散结构理论能够解决很多系统的有序演化问题，包括教育系统，它不仅对自组织产生的条件、环境做出了重要的判断，而且对于把被组织的事物或过程转变为自组织的事物或过程具有启发意义。

2. 协同论

西德的学者哈肯于 20 世纪 70 年代中期提出了"协同论"。协同论研究各种不同的系统从混沌无序状态向稳定有序结构转化的机理和条件。哈肯指出："从混沌状态而自发形成的有组织的结构，乃是科学家所面临的最吸引人的现象和最富于挑战性的问题之一。"协同论最根本的思想和方法是系统自主地、自发地通过子系统的相互作用而产生的系统规则。竞争与合作的方法是它的重要研究内容，协同论最基本的概念也是竞争与协作。复杂性的模式实际上是通过底层（或低层次）子系统的相互作用产生的。正如在大脑中寻找精神一样，在低层次中寻找复杂性的模式是徒劳的，但我们可以从相互作用的方式和结构，以及这种作用的运动演化过程中寻求上一层次模式的呈现和轮廓。

3. 突变论

法国数学家托姆在 20 世纪 60 年代提出了一种拓扑数学理论，该理论为现实世界的形态发生突变提供了数学框架和工具。突变论在研究复杂性问题和过程时具有特殊的方法论意义。人们常把缓慢变化称为渐变，把明显急促的变化称为突变，但是突变与渐变的这种经验性认识既不准确也不科学。它们的本质区别不是变化率大小，而是变化率在变化点附近有无"不连续"性质出现，突变是原来变化的间断，渐变是原来变化的延续。所以，突变属于间断性范畴，渐变属于连续性范畴。突变论的模型为思考人类思维过程和认识机制提供了新的思路。根据突变论的观点，我们的精神生活只不过是各个动力场之间的一系列突变，这种动力场是由我们的神经细胞的稳定活动构成的。

认识形态并不具有随意性，而是由其内部和外部条件预先决定的，托姆指出：我们思想的内在运动与作用于外部世界的运动，两者在根本上并没有什么不同。外部的模型变化可通过耦合的办法在我们的思想深处建立起来，这也正是认识的过程。

（二）自组织原理

耗散结构论、协同论、突变论作为系统科学的"新三论"，又称自组织理论，它深入研究了系统如何产生、如何利用信息交流将不同的部分组织起来，从而形成整体以及系统如何演化等问题。

自组织是指在一定的外界条件下，通过系统内部的非线性相互作用，经过突变而形成一种新的稳定有序的结构状态，也就是系统"自发地"组织起来，形成和完善自身的结构。也就是说，系统形成的各种稳定有序的结构是系统内部各因素彼此的相干性、协同性或某种特性相互作用的结果，不是外界环境直接强加给系统的。只要是通过内部因素的相互作用而组织成的有序结构都是自组织。

在教育教学中，教师要用"自组织"的观点看待教学、学习过程及学生。要把学生看作一个自组织的系统，学生的学习不是通过教师的强制教学实现的，而是要对其知识结构、能力构成和内部学习机制等进行整体分析，有针对性地创造条件和教学情境，引导学生主动认知。由此，教师要充分认识到学生是学习的主体，真正实现教学的指导者和组织者的角色转变。

三、系统方法

（一）系统方法概述

系统方法是在运用系统科学的观点和方法来研究、处理各种复杂的系统问题时产生的。系统方法是按照事物本身的系统性把对象以系统的形式加以考察的方法，它侧重于系统的整体性分析，从组成系统的各要素之间的关系和相互作用中去发现系统的规律性，从而指明解决复杂系统问题的一般步骤、程序和方法。

（二）系统方法的作用

系统方法是认识、调控、改造、创造复杂系统的有效手段。世界上的事物和过程是复杂的，是由多种因素或子系统的复杂的相互作用所构成的，因此理解和解决系统问题需要系统地分析和整体地思考。系统科学方法为解决系统问题提供了方法论指导。

系统方法为人们提供了制定系统的最佳方案以及实行最优组合和最优化管理的手段。系统方法是指通过研究系统的要素、结构以及与环境的关系，经过科学的计算、预测，设计实现系统目标的多种方案，从中选择最佳的设计和实施方案并制定最佳控制和进行最优管理，以达到最佳功能目标。在人类认识世界和改造世界的过程中，系统方法在制定最佳方案、优化组合与管理等方面，具有重要作用。

系统科学方法为人们提供了新的思维模式。它突破了传统的只侧重分析的机械方法的限制，指导人们从总体上进行思考，探索科学技术发展的新思路，促进自然科学与社会科学的统一，促进科学家与哲学家的联盟，帮助人们打破两种科学、两种文化的界限，建立统一的世界图景和文化图景，建立起系统的自然观、科学观、方法论和系统的人类社会图景。

在教育领域中运用系统科学的理论思想、观点和方法，对教育系统的构成要素、组织结构、信息传递和反馈控制等进行分析、设计和评价等研究，可以促进教育系统的最优化。将系统方法应用于教学技能的学习，将有助于对教学技能的整体性理解和训练，对教学技能的获得与发展具有方法论上的指导作用。

第三节　多元智力理论

多元智力理论是 20 世纪美国哈佛大学心理学家霍华德·加德纳教授提出的，又叫"多元智能理论"。传统的智力理论认为人类的认知是一元的，个体的智能是单一的、可量化的，而美国教育家、心理学家霍华德·加德纳在 20 世纪 80 年代出版的《智力的结构》一书中提出，"智力是在某种社会或文化环境的价值标准下，个体用以解决自己遇到的真正的难题或生产及创造出有效产品所需要的能力"。每个人都至少具备语言智力、数理逻辑智力、音乐智力、空间智力、身体智力、人际交往智力和自我认知智力，这一理论被称为多元智力理论。其基本性质是多元的，不是一种能力而是一组能力，其基本结构也是多元的——各种能力不是以整合的形式存在，而是以相对独立的形式存在。而现代社会是需要各种人才的时代，这就要求教育必须促进每个人各种智力的全面发展，让个性得到充分的发展和完善。

一、多元智力理论的主要内容

（一）言语——语言智力

言语——语言智力是指对语言的听、说、读、写的能力，表现为个人能够顺利而高效地利用语言描述事件、表达思想并与人交流的能力。这种智力在记者、编辑、作家、演说家等人身上有比较突出的表现。

（二）音乐——节奏智力

音乐——节奏智力是指感受、辨别、记忆、改变和表达音乐的能力，具体表现为个人对音乐美感反映出的包含节奏、音准、音色和旋律在内的感知度，以及通过作曲、演奏和歌唱等表达音乐的能力。这种智力在作曲家、指挥家、歌唱家、演奏家、乐器制造者和乐器调音师身上有比较突出的表现。

（三）逻辑——数理智力

逻辑——数理智力是指运算和推理的能力，表现为对事物间各种关系如类比、对比、因果和逻辑等关系的敏感，以及通过数理运算和逻辑推理等进行思维的能力。它是一种对于理性逻辑思维较显著的智力体现，对数学、物理、几何、化学乃至各种理科高级知识有超乎常人的表现，是理性的思考习惯，数学家、物理学家往往这个方面的智力点数都不低。这种智力在侦探、律师、工程师、科学家和数学家身上有比较突出的表现。

（四）视觉——空间智力

视觉——空间智力是指感受、辨别、记忆、改变物体的空间关系并借此表达思想和情感的能力，表现为对线条、形状、结构、色彩和空间关系的敏感，以及通过平面图形和立体造型将它们表现出来的能力。而对宇宙、时空、维度空间及方向等领域的掌握理解，是更高一层智力的体现，以相当的理性思维基础习惯为依托。这种智力在画家、雕刻家、建筑师、航海家、博物学家等人的身上有比较突出的表现。

（五）身体——动觉智力

身体——动觉智力是所有体育运动员必须具备的一项智力。运用四肢和躯干的能力，表现为能够较好地控制自己的身体，对事件能够做出恰当的身体反应，以及善于利用身体语言表达自己的思想和情感的能力。这种智力在运动员、舞蹈家、外科医生、赛车手和发明家身上有比较突出的表现。运动协调是这种智力的特点，它能有效地组织协调人的四肢，从而达到有效运动。

（六）自知——自省智力

自知——自省智力是指认识洞察和反省自身的能力，表现为能够正确地认识和评价自身的情感、动机、欲望、个性、意志，并在正确的自我意识和自我评价的基础上形成自尊、自律和自制的能力。这种智力在哲学家、思想家、小说家等人身上有比较突出的表现。

（七）交流——人际交往

交流——人际交往是指与人相处和交往的能力，表现为觉察、体验他人情绪、情感和意图并据此做出适宜反应的能力，也是情商的最好展现。因为人和人的交流就是靠语言或眼神以及文字书写方式来传递。这种智力在教师、律师、推销员、公关人员、谈话节目主持人、管理者等人身上有比较突出的表现。

（八）自然观察智力

自然观察智力是指认识世界、适应世界的能力，是一种在自然世界里辨别差异的能力，如植物区系和动物区系、地质特征和气候。是对我们自己身处自然环境的规律认知，如历史、人体构造、季节变化、方向的确立、磁极的存在、感知灵性空间的超自然科学能力，能适应不同环境的生存能力。

（九）存在智力

存在智力是指陈述、思考有关生与死和终极世界的倾向性，即人们的生存方式及其潜在的能力。如在人类出现之前，地球是怎样的，在另外的星球上生命是怎样的，以及动物之间是否能相互理解等。

每个人都在不同程度上拥有上述九种基本智力，智力之间的不同组合表现出个体间的智力差异。教育的起点不在于一个人有多么聪明，而在于怎样变得聪明，在哪些方面变得聪明。在加德纳教授看来，这是以能否解决实际生活中的问题和创造出社会所需要的有效的产品的能力为核心，也是以此作为衡量智力高低的标准，因此，智力是个体解决实际问题的能力和生产出或创造出具有社会价值的有效产品的能力。

二、多元智力理论的教育理念

多元智力理论对教育实践活动的影响是全方位的，涉及教育的学生观、教师观、教学观、目标观、评价观等教育理念。

（一）学生观

每个学生都是多种智力的组合，但由于不同环境和教育的影响与制约，在每个人身上智力以不同方式、不同程度组合，使每个人的智力各具特点，呈现出智力的差异。在一个充满教育性的环境下，智力是可以提升的，只要能得到适当的刺激，几乎所有的智力在任何年龄段都可以发展。

（二）教师观

教师必须全方位地了解每一个学生的背景、兴趣爱好、智力特点、学习强项等，从而确定最有利于学生学习的教学方法与策略。教师的"教"必须根据学生的"学"来确定是否有效。

（三）教学观

学生个体之间存在智力差异，要求教学上以个别化方式来进行。在教育中考虑学生个人的强项，使用不同的教材或手段，使每一个学生都有学会教学内容的机会，让学生有机会将学到的内容向他人展示，使学生的全脑智能得到最大限度的发展。认真地对待学生的个体差异是多元智力理论的核心。

（四）目标观

多元智力理论的教学目标是开发学生的多元智力，为多元智力而教，并通过多元智力来教，使学生有机会更好地运用和发展自己的多种智力。

（五）评价观

多元智力理论认为评价要体现发展性。评价不以发现人的缺陷为导向，而是发展人的强项，并为其积极的变化提供基础，最终促进全面的发展。

网络环境下的语文教学依赖高效的教学平台与丰富的信息资源来开展教学活动，为学生提供了一种新的学习方式，学生的主体地位得到凸显。网络教学尊重每一个个体，平等地对待每一个学生，促进每一个学生的全面发展。同时，丰富的学习资源和多样化的表现方式从客观上决定了网络教学属于一种个别化教学。多元智力理论的观点和网络环境下语文教学的特点非常吻合，是网络环境下实施语文教学的理论基础之一。

第四节　现代教学结构理论

现代教学结构理论，即结构主义教学理论，20 世纪 50 年代末产生于美国，该理论提出要让学生掌握学科的基本结构、提倡早期学习、倡导广泛应用发现法等。结构主义教学理论的代表人物是美国心理学家、教育家布鲁纳。

布鲁纳的结构主义教学理论的基本框架包括：①智力发展过程。儿童智力的发展离不开语言和文化的相互作用，有计划地为学习者提供语言体系、文化体系是教师的基本职责，学习者智力的发展是在教师与学习者的教育关系中实现的；②教材结构理论，主张编写出"既重视内容范围，又重视结构体系的教材"。重视内容指要求教材现代化，重视结构则是指要求教材包含学科基本概念、法则及联系，有助于学生学习事物是怎样互相关联的；③发现学习法，认为学习者自己去发现教材结构是最有效的学习方法。发现学习的特点是学生积极探索解决问题的方法、学生活用并组织信息、学生灵活而执着追求问题解决；④内部动机是学习的真正动机，内部动机是在学习中发现学习的源泉和报偿。激发学生内部动机主要通过利用好奇、激发疑惑、提出问题、设计困境、揭示矛盾等。结构主义教学理论的要点有以下方面。

一、要让学生掌握学科的基本结构

结构主义教学理论认为，任何一门学科都有一个基本结构，即具有其内在的规律性。它反映了事物间的联系，包含了"普遍而强有力的适应性"。不论教什么学科，都必须使学生理解学科的基本结构，即各门学科的基本概念、基本原理和规律。"基本"就是一个观念具有广泛适用新情况的能力，它是进一步获得和增长新知识的"基础"；"结构"则是指学科的基本概念、基本原理以及他们之间的联系，是指知识的整体和事物的普遍联系，即规律。另外，布鲁纳指出，在教学中，不仅要让学生掌握一般的理论，而且要培养他们对学习的态度、对推测和预测的态度、对独立解决问题的态度。因此，他强调要精心组织教材。布鲁纳认为，学习的首要目的是为将来服务。学习为将来服务有两种方式：一是特殊迁移；二是原理和态度的迁移（这是教育过程的核心）。

二、提倡早期学习

布鲁纳在他的《教育过程》中曾说："任何学科都可以用某种理智的方法有效地教给处于任何发展阶段的任何学生。"因此学习准备是很重要的。学习准备主要指学生的年龄特征和智力发展水平是否已经达到能适应某些学科学习的程度。这是根据布鲁纳的儿童发展阶段论提出的。布鲁纳认为，儿童用自己观察世界和解释世界的独特方式去表现那门学科的结构，能有效地掌握它；另外儿童的认识发展阶段固然和年龄有关，但也可以随文化和教育条件而加快、推迟或停滞。所以他主张，教学要向儿童提出既具挑战性又适合的课题，以促进儿童认识的发展。使学生尽早尽快地学习许多基础学科知识，是布鲁纳关于学校课程设计的指导思想。

三、教学原理

布鲁纳认为，教学论是一种规范化的力量，它所关注的是怎样高效地学会知识和促进学习，而不是描述学习。它有四个特点：①它应详细规定使人能牢固地树立学习心理倾向的方法。②它应当详细规定将大量知识组织起来的方式，从而使学习者容易掌握。③它应规定呈现学习材料最有效的序列。④它必须规定教学过程中贯彻奖励和惩罚的性质和步调。据此，他提出了四条教学原则：动机原则、结构原则、程序原则、反馈强化原则。

四、发现学习的理论

"发现学习"是布鲁纳在《教育过程》一书中提出来的。这种方法要求学生在教师的认真指导下，能像科学家发现真理那样，通过自己的探索和学习，"发现"事物变化的因果关系及其内在联系，形成概念，获得原理。

发现学习是以布鲁纳的认知心理学学习理论为基础的。他认为学习就是建立一种认知结构，相当于我们所说的主观世界。建立认知结构是一种能动的主观活动，具有主观能动性。所以布鲁纳格外重视主动学习，强调学生自己思索、探究和发现事物。发现学习的特点有三：再发现、有指导的发现和以培养探究性思维为目标。发现学习的优点有基本智慧潜力、激发学习的内部动机、掌握探索的方法、有助于记忆的保持。

（一）重视学生认知结构的发展和学科的知识结构

布鲁纳把认知发展作为教学论问题讨论的基础。他指出"一个教学理论实际上就是关于怎样利用各种手段帮助人成长和发展的理论。"布鲁纳将其称为"成长科学"，即认知科学或智力发展科学。他认为教育"不仅要教育成绩优良的学生，而且要帮助每个学生获得最好的智力发展，教育的任务在于发展智力"。儿童的认知发展是由结构上迥异的三类表征系统（行为表征、图像表征、符号表征）及其相互作用构成的质的飞跃过程。布鲁纳认为，学习的实质在于主动地形成认知结构。认知结构是指由人过去对外界事物进行感知、概括的一般方式或经验所组成的观念结构。学习者不是被动地接受知识，而是主动地获取知识，并通过把新获得的知识和已有的认知结构联系起来，积极地建构其知识体系。他指出，"不论我们教什么学科，务必使学生理解该学科的基本结构"。布鲁纳认为，"基本概念和原理是学科结构最基本的要素"，"学习结构就是学习事物怎样相互联系的"，因为这些基本结构反映了事物之间的联系，具有"普遍而有力的适用性"。

（二）提倡发现学习，注重直觉思维

在教学方法上，布鲁纳主张"发现法"。发现法对学生是一种学习方法——发现学习；对教师则是一种教学方法——发现教学。他认为"我们教一门科目，并不是希望学生成为该科目的一个小型图书馆，而是要他们参与获得知识的过程。学习是一种过程，而不是结果。"他指出："发现教学所包含的，与其说是引导学生去发现那里发生的事情的过程，不如说是他们发现他们自己头脑里的想法的过程。"

他主张让学生主动地去发现知识，而不是被动地接受知识。布鲁纳的"发现学习"和"发现教学"以培养创新精神和实践能力为主要目的，即构建旨在培养创新精神和实践能力的学习方式及其对应的教学方式。其基本程序一般为：创设发现问题的情境——建立解决问题的假说——对假说进行验证——做出符合科学的结论——转化为能力。布鲁纳认为"发现"依赖于直觉思维，他主张在教学中采取有效方法帮助学生形成直觉思维能力，并鼓励学生去猜想。

（三）提倡螺旋式课程

布鲁纳认为课程设计和教材的编写应查明基础学科基本知识的学习准备，根据学生当时的认知发展水平予以剪裁、排列和具体化，使知识改造成为一种与儿童认知发展相契合的形式。他认为，课程或教材的编写应按照学科的基本结构来进行。由此，他提出了螺旋式课程编写方法。螺旋式课程就是以与儿童的思维方式相符合的形式尽可能早地将学科的基本结构置于课程的中心地位，随着年级的提升，学科的基本结构不断拓展。这样，学科结构就会在课程中呈螺旋式上升的态势。

第三章　大学语文课堂教学体系优化构建

第一节　大学语文课堂优化的基本规律

一、课堂优化要注重过程学习

当代教学论认为，学习是一个过程，而不只是一个结果，教学要注重过程学习。这一教学思想表现在课堂上，则是以学生为主体、教师为主导，充分发挥学生学习的主动性、灵活性和创造性，使他们积极参与探索知识的过程，能动地获取知识。这一过程不仅是为了获得正确的答案和结论，更重要的是提供给学生一种自我探索、自我思考、自我表现和自我创造的实际机会，使学生心理得到好的发展，从而增强自信心，学会学习和创造。这种教学与传统的传授式教学从根本上划清了界限。语文教学尤需注重过程，其理由如下。

（一）语文课程设置的目标

语文教学是一个训练学生语文能力的过程。语文课程的基本目标是培养学生读、写、听、说的能力，而能力都是在应用知识的实践过程中逐渐形成的，只有将语文教学作为学生言语活动的实践练习的过程，才能有效实现语文教学的目标。只是机械地记住现成的结论，是与实现语文教学目标相悖的。

（二）语文学习的心理

语文学习是学习主体复杂的智能操作过程。学习语文，不管是理解语言还是运用语言，学习主体必须进行一系列复杂的形象思维和逻辑思维活动，这是教师不能替代的。学生只有经历了主动、积极的思维过程，才能保证语文学习富有成效。

（三）语文学习的特点

语文学习是学习主体凭借自己的生活经验和审美情趣参与言语认识的过程。理解语言和运用语言都要凭借自己的生活经验和审美情趣来进行。而学生的生活经验和审美情趣是千差万别的。

语文教学注重过程，就是要把学习知识的过程与探索过程结合起来，让学生自觉地发现、研究问题，在教师的启发下独立完成认识过程，获得科学认识问题的途径及方法。注重学习过程的关键在于坚持学生是学习和发展的主体，坚持教师主导作用与学生主体作用相结合，一切教学活动的组织都应该以有利于开展语文学习过程为出发点，帮助学生在生动活泼的学习过程中发展。

例如，有教师把阅读教学的过程分为三个阶段：①初读激发疑问、自我探究阶段：教师可根据学生实际和教材内容，引导学生围绕某些方面来思考和提出问题。②精读释疑、理解深究阶段：学生初读时提出的属本课学习重点的问题，可引导学生共同解决；学生没有提出的重点问题，则由教师提出，然后引导学生带着问题去细读课文，深入探究解决。③熟悉总结、实践应用阶段：让学生在熟读课文过程中总结规律，并用以实践、探索。这三个阶段是在教师的引导下，让学生探索问题的完整过程。它既可让学生学好语文知识，深入理解课文，收到直接学习效果；又提供了机会和条件，让学生处于探索者的主体地位，在探索过程中获得发现、分析和解决问题的途径、方法，使心理得到发展。

二、课堂优化促进积极的学习迁移

积极迁移简称"迁移"，是学习主体在学习过程中通过积极思索，发现两种学习内容在知识、技能、方法等方面的联系，从而利用这些联系去发现、掌握新知识、新技能。一切有意义的学习必然包含着迁移。教学的目标不仅在于传授知识，而且要在传授知识的同时，发展学生的智力，使他们具备自学的能力。可以说，学生学习迁移的效果是检验教学是否达到这一目标的最可靠的指标。

对语文教学来说，迁移学习训练是发展学生自学能力进而实现创造的必要途径，优化语文教学应努力促进学生积极的学习迁移。要让学生实现有效的语文学习迁移，发展他们的自学能力和创造性解决问题的能力，教师应该帮助学生掌握迁移的规律，了解语文迁移的途径。迁移的途径主要有以下几种。

（一）统摄

统摄是将几个已知概念或命题同化于一个概括层次更高的概念或命题的认知。这种迁移的关键是要通过比较，找出已知中的共同属性，统摄于具有概括属性的概念或命题中。例如，要求把《劝学》中的两组排比句"登高而招，臂非加长也，而见者远；顺风而呼，声非加疾也，而闻者彰。假舆马者，非利足也，而致千里；假舟楫者，非能水也，而绝江河"，抽象概括成一般的推理句，便需要比较四个特殊的事例，从中找出了"本身条件非异，凡善假物者，就能获得好效果"这一共同本质，这就实现了认知同化。

（二）演化

演化是已知概念、命题的特征对未知概念、命题的同化。例如，让学生掌握倒叙、插叙的特征，要求他们辨析某篇课文的叙述方式，学生发现这篇课文在叙述方式上具有这种特征，将已有的知识演化即可解决问题。演化迁移的关键是要辨识未知与已知的共同特征，并将已知在问题情境中具体化。

（三）归联

归联是具有高概括层次的概念或命题对下一层次的新概念、新命题的类化。例如，学生具备语境意义的有关知识，懂得语言具有"固定意义"和"临时意义"。语境意义属"临时意义"，由具体的言语环境补充决定，常常与语言的"固定意义"不尽相同。当学生理解某段话中语句的意思时，学生便会立刻把语句纳入这段话的语境来理解认识，从言语背景和语流方面来领悟语句的意思。归联迁移的关键是要准确掌握具有概括属性的有关知识，并在解决问题时，能迅速找到旧知与新知的本质联系，从而应用旧知分析、认识新知。

（四）类推

类推是指新旧概念或命题异形，但二者又有某些共同点或相似点的旧知对新知的同化。例如，"因为 A 所以 B"和"既然 A 就 B"，这两种句式虽表现形式不同，但都有"因"和"果"的关系。只不过前者的"果"已属事实，后者的"果"是一种推测。学生如果已掌握了"因为 A 所以 B"的因果句式，要求辨析"既然 A 就 B"的句式时，就可由旧知类推本句的句式。类推迁移的关键是要善于将新知和旧知类比，发现其中的共同因素或相似因素，从而做出正确的推断。

因此，注重知识积累，特别是丰富具有基础性、概括性知识的积累，是实现积极迁移、有效学习的必要保证。迁移总是与知识的应用和问题的解决过程紧密地联系在一起。因此，精心设计好练习是促进学生积极迁移学习的重要环节。一般来说，能促进迁移的语文练习有以下三类。

1.独创性练习

独创性练习要打破学生的思维定式，不能受限于单一的"标准"的答案，而应促使他们进行独创性思维，产生新颖的属于自己发现的答案。独创性练习还有利于课堂教学，它能使学生深刻地领会作品主题、情节结构；帮助学生深刻地理解词语，提高运用词语的能力，有效地增强语文学习效果，能够使学生对作品所描绘的人和事获得丰富细致的感性认识，然后进一步上升到理性认识，锻炼想象能力和思维能力。

2. 发散性练习

发散性练习要具有开放性，让学生能多侧面、多层次、多方位地进行思考，寻求多种途径和方法解决问题，谋求多种结果。发散性练习的特点是：充分发挥人的想象力，突破原有的知识圈，通过知识、观念的重新组合，寻找更新更多的设想、答案或方法。发散性练习通常是不依常规，寻求变化，对给出的材料、信息从不同角度，向不同方向，用不同方法或途径进行分析和解决问题，其中，一题多解的训练是培养学生发散思维的一个好方法。它可以通过纵横发散，使知识串联、综合沟通，达到举一反三的效果。

3. 评述性练习

评述性练习应让学生发挥自己的认识，从新的角度或以不同的方式来判断、评价和阐释一些观点。

三、课堂优化激活无意识的心理活动

无意识又称"潜意识"，是人未意识到的心理的总和。这种心理是主体对客体不自觉的认识与内部体验的统一，包括无意感知、无意识记、无意再认、无意表象、非言语思维、无意识体验等。无意识心理活动的主要功能是对客体的一种不知不觉的认知和内部体验。

无意识心理倾向主要是大脑右半球的创造机能，感情和想象力是它的重要组成成分，与它紧密联系在一起的还有态度、动机、期待、兴趣、需要等因素。这些都是语文创造性学习不可缺少的心理因素。依据弗洛伊德的说法，人的意识仅仅是人的精神活动中位于表层的一个很小的部分，占九分之一；无意识才是处于人的心理深层的部分，这个部分很大，占九分之八。已有的研究证明，无意识是意识活动的基础，意识活动一般都是在与无意识的结合中进行的，而且只有使二者和谐一致，心理活动才能达到最佳效果。因此，要优化大学语文课堂教学，实现创造性的培养目标，应注重唤醒、激活学生的无意识，让无意识与意识协同一致地积极活动起来。

要想激活学生的无意识，需要应用暗示渗透的原理和方法。按照暗示渗透的教学原理，高效率学习不是强迫学习的结果，而是在轻松愉快的环境中自觉学习从而让无意识与意识高度配合的结果。具体来说，暗示渗透除了应用放松学习、想象练习等专门技巧，更常用的是通过教师的态度和行为以及场景氛围来感染学生。例如，教师微笑的面容，充满自信的神态，生动有趣的讲述，朋友般的鼓励，轻松愉快地探讨问题，辅之以无拘无束的学习场所，都可以给学生暗示。在这种环境下，学生会感到学习是愉快的事情，课程是很有趣的，学习是不困难的，从而乐于学习，有信心学好。这样，便可激活学生的无意识配合意识进行学习活动。

四、课堂优化重视非逻辑思维的感受作用

非逻辑思维包括联想、想象、直觉、灵感等，它们在感受言语情境进而体会其情感方面发挥着独有的作用。语文学习离开非逻辑思维的感受作用，必然浮于语言符号系统的表层意义上，或限于抽象空泛的认知上，进入不到高层次的语文学习水平，语文教学的优化必然落空。所以非逻辑思维对学生学习语文知识有很大的作用。

有关研究表明，人的大脑左右两半球既有分工又有合作。大脑的左半球掌握逻辑、理性和分析的思维、言语的活动，而大脑的右半球则负责

直觉和形象思维，包括情感的活动、创造力。在传统的教学中，无论是教师的讲解，还是学生的单项练习，或者机械的背诵所调动的，主要是大脑左半球的功能。重视非逻辑思维的感受，并使它与逻辑思维的认识活动相互作用，便可让学生边体验感受边进行内部言语活动。这样，大脑两半球交替兴奋或同步兴奋协同工作，则可大大地释放出潜能，增强创造力。提升学生非逻辑思维感受能力的具体方式很多，主要有以下两类方式。

1. 设置情景

设置情景即提供与大学语文课堂学习有关的情景，如利用实物、图画、音乐、影像、环境布置以及其他多种现代化教学手段来造成生动可感的情境。这种方式作用于多种感官，可以让学生非逻辑思维感受的作用得到充分发挥。

2. 诱发情境

诱发情境即唤起生活经验，通过记忆表象和想象再现社会或自然场景，把学生带入语文学习的特定情境中。例如，对课文情节绘声绘色的表演，教师生动感人的讲授，分角色朗读以及复述、改写、扩写、续写课文等，都可以把学生带入课文的情境中，触动他们的情感，使非逻辑思维的感受作用得到发挥。诱发情境的关键在于教师要善于引导学生应用非逻辑思维揣摩、体味课文的语言，诱导他们将第二信号系统的语言文字还原为活生生的人、事、景物。

感受情境要结合着逻辑认知活动进行。感受情境能触及学生情感深处，激活学生的潜意识，使他们获得情感的体验和直觉的认知，受到感染熏陶。让学生感受情境，一方面要发挥非逻辑思维的感受作用，使学生在潜意识的驱动下自然地进入情境，达到"入境始与亲"的境界；另一方面要帮助学生运用逻辑思维对情境进行分析认知，把潜意识引向显意识，把感性直觉上升为理性认识。因为感受情境触及学生的潜意识，产生的是直觉的感受、认知，一般只是一种意会，比较朦胧，难以用语言把它说清楚，有时还停留在浅层次，甚至产生带主观偏见的歪曲感受、认知。这就有必要对情境进行理性的分析和开掘，让学生说出自己的直觉感受，或写成学习心得、札记。这样，便可使学生的认识及情感产生飞跃，从而最大限度地发挥语文教育的作用。

五、语文理法学习与语感学习相结合

我国传统语文教学重视从语感中学习，一味强调"书读百遍，其义自见""无他术，唯勤读书而多为之"。这种以多读多写帮助学生积累语感经验的教法，虽然有合理的内核，但它只强调经验的作用，只要求对言语作直觉的感受和判断，不重视科学的分析思维，学生获得的只是一种混沌状态的综合领悟。

正如鲁迅先生指出的："一条暗胡同，一任你自己去摸索，走得通与否，大家听天由命。""弄得好，是终于能够有些懂，并且竟也可以写出几句来的，然而到底弄不通的也多得很。自以为通，别人也以为通了，但一看底细，还是并不怎么通，连明人小品都点不断的，又何尝少有？"当代语文学科放松语感训练，重视语文理法学习，因而讲风大盛，以烦琐的分析来肢解有整体活力的文章，以掌握语文理法知识来代替学生对语言文字的真切感受，这是违背语文学习的特点和规律的，也不能完成语文教学的任务。

语文教学的弊端，根源在割裂了培养语感与学习语文理法的联系。事实上，二者是相互关联、相辅相成的。语感是语文理法学习的基础和条件，直接影响语文学习的效果。这是由言语所反映的内容决定的。言语作为物质媒介可以反映作者在现实生活中"感受"到的意象，它是作者旨趣的最贴合的符号。对于言语，学生首先必须将其转换为生活，深切"感受"了它的意义和情味，才能通向和接近作者的心灵，透彻了解言语，获得理解语言的能力。如果没有对言语的这种感受，只是学习语文理法，让学生对言语的知识和运用规则有所"知"，这便离开了言语所反映的内容，失去了理解言语的基础和条件，其结果必然会停留于表面，不能深入。运用语言也是同样的道理，只有从其所反映的生活对象方面加以感受，才能准确地遣词造句和判别调整言语，获得运用语言的能力。

学习语文理法能为语感提供理性经验，使语感能力得到提高。一般人的语感是在长期的言语实践中自然形成的，能为理解语言和运用语言提供一定的言语感性经验。但仅凭这种单纯的感性经验来理解语言、运用语言，是十分局限的，往往知其然而不知其所以然。这种语感显然是低层次的。在理法的指导下，感性经验便可得到修正、整理和提高，使得认识发生飞跃。也就是说，语文理法可以使人们对言语的理解和鉴别做到既知其然又知其所以然，使语感在原有的基础上进入高级层次。感受言语，直接经验还是主要的，通过严格的语文理法学习，便能逐步积累间接的理性经验，从而形成真正敏锐地、准确地、深刻地理解、鉴别言语的能力。语文理法学习对提高语感的影响作用，其实也是由语感自身发展的心理要求决定的。高层次语感的心理结构以理性积累为基础，语感过程即用早已筹思于前的经过长期逻辑理智思考而形成的认知心理结构去认同眼前的言语。可以说，高层次语感是语文理法知识与实际练习相结合而积累凝聚起来的言语感受的理性经验。语文教学是学生获得语文理法知识的基本途径。通过严格的语文理法学习，以直接感受经验为主的语感得到发展，进入理性认识的高级层次。

语感与语文理法相互关联、相辅相成。这种联系表明了以语文理法为指导的当代语文教学模式，既需要学习必要的语文理法，更要立足于培养学生的语感，并使二者有机地结合起来。这种结合应主要考虑以下四个方面。

（一）传授语文理法知识与训练语感能力结合

传授语文理法知识与训练语感能力结合是培养语感的基本指导思想，语文教学要根据语感训练的内容，传授必要的语文理法知识，并服务于语感训练的实践，使其成为培养语感的有效手段。例如，针对语义感的训练，应传授必要的词语、段落结构、逻辑、文体、表达方法的知识；而针对语言中的情境感、情味感的训练，应传授必要的文学表现手法的知识以及想象、联想等鉴赏方法的知识等。

（二）课内计划训练和课外开放学习结合

课内计划训练和课外开放学习结合是训练语感、提高学生语感能力的基本途径。课内计划训练是有规则的语文学习，可以为学生提供理性经验，使学生扎扎实实地练好语文基本功，尽快增强语感能力。语感能力的形成和提高必须通过反复不断的练习和直接的言语实践。因此，语文学科应充分利用语言的社会性和语文学习的广泛性，要求和指导学生自觉地应用课内所学的理法知识，在课外积极广泛地学习语文，大量地积累语感经验，使课内语文学习向课外延伸、开放，与课外语文学习相互联系，相互补充，相互促进。

课外语文开放学习没有时空限制，内容形式多样，包括与听、说、读、写技能有关的一切言语活动。例如，教师指导学生写语感随笔，便是课内语文规则学习与课外开放学习相结合的有效形式。语感随笔专门记录学生学习语言的心得，对所感的言语做理性分析，把言语感受的感性经验与理性经验联系起来。凡是学生在课内外一切听、读活动中对言语的感受，都可作语感随笔的内容。这种训练本身就是一种语感理性经验的开放性积累，又可以帮助学生养成揣摩和分析他人语言，并因此缜密地使用语言的习惯，对提高语感能力作用很大。

（三）辨析推敲语言与联系生活经验感受语言结合

辨析推敲语言与联系生活经验感受语言结合是训练语感、提高学生语感能力的关键。语文教学必须重视培养学生辨词析句的能力，应指导学生认真分析、比较词句，仔细理解词语的选择和搭配关系，掌握各种句式的基本特征，准确领会言语的意义。

感受言语离不开生活情境，培养语感应该结合情境、联系生活经验理解语言、运用语言。我国著名学者叶圣陶先生说："要求语感敏锐，不能单从语言、文字上去揣摩，而要把生活经验联系到语言、文字上去。"我国著名作家茅盾认为，领会文章和作品，应当一边读一边回想他所经历的相似的人生，或者一边读一边到现实生活中去看。语文教学要引导学生把对词句的理性辨析同对生活的观察、体验结合起来，让学生调动自己的生活经验，开展想象和联想，呈现有关的表象，从而深切地感受到作者运用的语言文字表现了什么样的事物或形象，其中蕴含了什么样的感情。

（四）理性思索与诵读、揣摩结合

理性思索与诵读、揣摩结合是训练语感、提高学生语感能力的基本方法。语文教学要培养学生的语感能力，应该有计划地进行形式多样的练习。例如，修改病句、遣词造句、关联词语填空，口头答问、争辩讨论，评析课文、单项作文等。这种练习能促进学生积极思维的发展，更好地掌握和运用语法知识，扎扎实实地练好语文的基本功。这对发展语感能力有不可忽视的重要作用。但是语感是凭借着言语活动的经验（包括感性经验和理性经验）对言语的直觉感受。诵读、揣摩便是直觉感受言语的基本方式。

因此，培养语感还需多采用诵读、揣摩的方法，在诵读、揣摩的基础上进行理性思索，把理性思索与直觉感受紧密地结合起来。这里要特别指出，我国当代语文教学重视语文语法的练习，学生诵读、揣摩太少，这对培养学生的语感极为不利。我国古代语文教育十分强调诵读和揣摩，以至于提倡"每大段内必定分作细段，每细段必看读万遍，又通背二三十遍"，达到"与我为化，不知是人之文，我之文"的感受境界。古人单纯以量取胜的指导思想虽然不可取，但在获得语感方面确实有科学价值，值得我们借鉴。

第二节　大学语文课堂教学目标优化

一、大学语文课堂教学目标的优化体系

（一）认知目标

语文教学的终极目标是完成对人的精神关怀，即实现对人的人文精神和创新精神的熏陶。而精神层面目标的实现依赖于技术层面目标的完成，并最终依赖于人类的知识。知识的广度能促进学生的发展，同时也能促进知识和技巧的巩固。但语文包罗万象，难以把握，优化学生认知目标，既能为学生"减负"，又能达到"立人"的目的。

经过不断发展和改善，语文课程知识已经有了一个系统，主要包括文字（含语音）、语汇、句子、篇章、语法、修辞、逻辑、文学等方面。需要提出的是，随着时代发展及"大语文"理念的提出，语文教学的内

容范围应放大到包含文学或以文学为主的整个人类一切优秀的"文化"。随着"网络时代"的发展，语文课的知识系统还会发生新的变化，比如汉字处理技术，亦可能走进未来的大学语文课堂，而传统语文教学中一些作为重点学习的知识，比如语法，亦可能淡化。所以，优化学生的认知目标就十分迫切了，而优化学生认知目标应坚持以下四大基本原则。

1.人文性原则

人文性原则既是时代发展的必然结果，又是教育"立人"的自然要求。语文学科应首先高举"弘扬人文精神"的大旗。学生人文精神、完美人格的形成，并非孤立的、空洞的说教可以达到，而是贯穿于整个知识教育过程。为此，教师在传授知识时，必须将知识融进文化大背景中，增加知识的文化厚重感。

例如，学习文言文字词，就不妨有分寸地涉猎文字学知识，尤其是汉字的演变。汉字被誉为中国的"第五大发明"，是中国对人类文明的一大贡献。历史上中国文字统一，奠定了中华民族统一的基础，并成为联结海内外炎黄子孙的精神纽带和文化之根，对中华文明几千年来无间断的延续起到了决定性的作用。中国的汉字史也是一部文化史，一个汉字往往包含着古代的天文、地理、习俗等知识，也涉及许多典故、逸事。学习文字知识，不仅有利于学生举一反三地学习文言文，而且能够感染学生，培养其对传统文化的热爱和民族自豪感。

2.前瞻性原则

信息时代的最大特征就是瞬息万变，知识更新快捷。新时代的语文显然不能抱着以不变应万变的思想。为此，优化学生认知目标必须考虑语文知识的前瞻性，语文知识的优化应与现代科学理论的前沿结合起来。例如，现代语言学、现代阅读学、现代写作学等理论就应在大学语文课堂中体现出来。时代变化了，语言发展了，语文只有始终保持敏锐的触觉才有"立人"的希望，也才有其存在的价值。前瞻性的语文知识往往直接源于具有前瞻性眼光和思维的语文教师，而教材作为语文知识的载体，在一定时期内必然是固定的，但在编写教材时应考虑教师及学生可能拓展的空间。

3.实用性原则

语文知识优化的最终效果体现在"实用"上，或有助于学生学习、生存、工作，或有助于学生提高道德修养、审美情趣、思维品质和文化品位，发展健康个性，形成健全人格。为此，应当引导学生把所学的语文知识转化为技能，正确的知识必须和运用知识的技巧结合起来。

4.适宜性原则

认知目标的优化还要讲求"适宜性"。我们优化的服务对象是广大学生，"适宜性"最主要体现在两方面：精要和易懂。语文知识教学的主要矛盾是语文知识的丰富性与学生的实际接受能力之间的矛盾。语文知识不但项目多，而且各项又自成体系，内容复杂而艰深。但学生学习时间和接受能力都极为有限。因此，我们应优化认知目标，筛选、精简出各项知识中最紧要的、最实用的点子，把最精粹的知识传授给学生，而没有必要要求学生尽窥语文知识体系之奥秘。优化认知目标是"减负提质"，而不是增加知识难度。优化后的目标体系应是通俗的，是紧扣实际的，决不能留下一些抽象的概念、晦涩的术语。优化后的目标体系应突出运用，应能很好地指导学生听说读写的言语活动。

（二）情感目标

语文学科与其他学科明显不同的就是语文的情感性。人的社会化过程就是人追求自我完善（包括人的尊严、价值、个性、理想、信念、品德、情操等方面）的过程。这一过程则体现在情感的自我完善上。为此，人文精神层面目标的实现应依赖于具体情感的培养，甚至创新精神的培养也依赖于这一点。"情商"这一概念的提出就足以说明情感与智力、创新能力的密切关系。语文教学应该优化以爱为核心的求真、求善、求美的情感，具体而言，应包括审美情感、理智感、道德感、爱国主义情感等方面。

1. 审美情感

审美情感，即美感，人对美的体验。它是根据美的需要，按照个人所掌握的审美标准，对客观事物评价时所产生的情感。不仅物质美使人有美的体验，行为美、语言美、心灵美，也会使人产生美的体验。美能在人的心灵上唤起无私的、真诚的、快活的、自由的情感。美没有对功利的直接的期望，它对于人是精神意义上的，使人精神愉悦、充实，使人性得到磨炼而更美好。

审美教育非常重要，一个人如果从童年时期就受到美的教育，特别是读过一些好书，那么他便善于感受并高度欣赏一切美好事物。美，首先是艺术珍品，能培养细致入微的性格。性格越细致，人对世界的认识越敏锐，从而对世界的贡献也越多。法国文学家卢梭在《爱弥儿》中说："有了审美能力，一个人的心灵就能在不知不觉中接受各种美的观念，并且最后接受同美的观念相联系的道德观念。"从某种意义上说，美育甚至是教育之基本。但是，美的鉴赏力不是人天生的能力，它是由美的环境、美育培养成的，语文教学就是美育的最好阵地。引导学生去感受美、理解美、发现美、创造美，这是语文教师责无旁贷的任务。

2. 理智感

理智感，即人在认识过程中所产生的情感。这是一种对自身情感施加某种自我约束的情感，这种情感遵循、服从一定的原则和逻辑规范。理智感的表现形式有好奇感、求知感、怀疑感、自信感以及对真理的热爱、对偏见的批判等。

语文教学是培养情感的，尤其是培养健康的、有涵养的、雅致的情感。培养学生的理智感便是为学生建筑一道情感"防火墙"，以免其走向情感极端。理智感是一个人走向成熟的标志，也是人类走向成熟的标志。有了理智感，学生才能真正做到"学会认知、学会做事、学会共同生活、学会生存"。理智感也是学生创新的情感基础。创新不是不可捉摸的，而是可以借助理智感把握的，甚至更多的是依靠理智感获取的。理智感从认知过程中产生和发展，又反过来推动认知过程进一步深入，成为认识世界和改造世界的动力。

3.道德感

道德感是伴随道德认识而出现的一种内心体验，即人们的道德需要是否得到实现或满足时所产生的内心体验。道德感和道德信念、道德判断紧密相关。人们在运用一定的道德标准去衡量或评价自己的道德行为时，必然产生种种情感体验。培养学生积极的、稳定的情感体验，进而使学生形成正确的道德判断、坚定的道德信念是极为必要的。

4.爱国主义情感

爱国主义就是千百年来巩固起来的对自己祖国的一种最深厚的感情。一个人对家乡、祖国语言、民族传统的眷恋以及对祖国命运的关怀是很自然的。但是，这并不等爱国主义情感不需要引导、教育。语文教师要为学生拨开云雾，况且，进行爱国主义教育也能促进其他方面的教育。

（三）语文技能目标

语文技能目标应包括听、说、读、写、思五大方面，最终上升为创新技能。这种上升不是自然而然的，创新技能的培养只有融合在听、说、读、写、思的实践过程中才能很好完成。听、说、读、写、思的实践过程亦不是孤立的，必须与相关知识紧密结合才能完成。要达到会听、会说、会读、会写、会思，进而会创新，就必须完成两大积淀：一是语汇；二是素材。

1.关于听、说、读、写、思的技能目标

尽管听、说、读、写、思是相对独立的，但终因其都以言语为中介而有共同的技能目标，即以培养语感为中心的技能目标。语感是"思维并不直接参与而由无意识替代在感觉层面进行言语活动的能力"。语感是人把握言语的主要方式。"人不仅在思维中，而且以全部感觉在对象世界中肯定自己。"思维和感觉是相互对峙而又相互关联的。就言语而言，其思维必以感觉为前提，只有先被感觉然后才能被思维。所以，在日常的听、说、读、写、思活动中，总是以"感"为主，以"思"为辅。言语活动显然是有"游戏规则"的，但在一般情况下，言语活动常常是"不假思索"的。

2.关于思的技能训练

思的技能训练是与言语活动的实践密不可分的。思的技能训练包括观察力、记忆力、想象力、思维力等的训练。

（1）观察力

观察力不同于一般的参观、看一看等常规的注视，而是与人的积极的思维活动密切联系的。概括地说，观察不仅要看一看、听一听、摸一摸，还要调动大脑对感觉的对象进行综合性感知。也就是说，知觉与积极的思维结合，才能构成一定的观察活动。观察力如何发展？广博的基础知识，是发展观察力的重要基石；做生活的有心人，充分地感受生活，进而驾驭生活是发展观察力的关键。提高观察能力，必须有正确的思想方法、坚强的意志、严谨的科学态度，要消除偏见，注意捕捉细小新现象；提高观察能力，也必须养成良好的习惯，做好"三常"（常预见，常联想，常变思路）。

（2）记忆力

记忆是智慧的仓库，没有积累丰富的语言材料，便不可能有生动的言语智慧优化语文教学目标。记诵在言语学习中的重要地位，是由文字语言本身的属性决定的。就语文学科而言，我们要着重发展学生的形象记忆、情绪记忆能力，这也是由文字语言本身的属性所决定的。

（3）想象力

爱因斯坦说过：想象力比知识更重要，因为知识是有限的，而想象力概括着世界的一切，推动着进步，并且是知识的源泉，严格地说，想象力是科学研究中的实在因素。培养学生的想象力，方法的指导固然重要，但真正关键的是培养学生自由、独立的个性与精神，而这种个性与精神源于教师的民主、平等的教育理念。有了宽松的民主氛围，想象力才会得"天时""地利"，蓬勃发展起来。

（4）思维力

语文学科具有发展思维能力的优越条件，因为思维和语言是不可分割的。俄国教育家乌申斯基指出，"语言并不是什么脱离思想的东西，相反，语言乃是思想的有机创造，它扎根于思想之中，并且从思想不断地发展起来。所以，要想发展学生的语言，首先要发展他的思维能力。离开了思想单独地发展语言是不可能的，在发展思维以前先发展语言甚至是有害的"。思维力的培养应着重训练分析、综合、抽象、概括、比较、归纳、演绎等能力。思维力的训练是长期的、持久的，不可能凭借几节课就能使学生掌握。

3.关于创新技能目标

创新技能的培养是一切语文技能培养的最终归宿，也是一切语文技能训练必须伴随的训练。创新技能的培养主要应让学生掌握和运用创新技法，这些技法包括组合、移植、逆反、迂回、分离、强化等。

在教学过程中，教师要自始至终引导学生利用这些技法思考问题。当然，只进行创新技能的训练达不到预期的优化效果，教师应力图营造一种自由、平等、民主的崇尚创新的课堂教学氛围。

二、目标优化的有效模式

（一）目标教学是大学语文课堂教学目标优化的创造

数十年的语文教改探索积淀了丰厚的教学理论和经验，但是终因语文学科驳杂的特点，教、学、考、评等几个环节缺乏明确、统一、科学的目标，语文教学一直徘徊在原地，难以走出低谷。从某种意义上来说，科学地制定语文学习、教学、考评、检测等环节目标，是语文教改的关键一步。如果语文学科有了明确、科学的目标系统，教师为实现一个个特定的教学目标教学，学生为达到特定的学习目标而学，两者同样按目标考评、检测，那么，语文教学就可能一反低迷状态而生机勃发。目标教学模式正是在这样的背景下提出的，它是信息论、控制论、系统论三论在语文教学中的具体运用。优化大学语文课堂教学目标的工作应具体落实在目标教学上。

目标教学的优势显而易见：①有利于激活学生学习动机和兴趣，在目标教学的各个环节中，学生可从达标检测中及时获得信息反馈，能及时把握自己现有水平和进展方向。目标实现易激起学生的成就感、满足感，反之，学生也能迅速矫正、弥补。②有利于克服教、学、考、评等各个环节的盲目性、随意性、波动性。一切教学活动始终围绕目标进行，做到有章可循，对症下药。③有利于面向全体学生实施分层、异步等因材施教的教学。在这一点上，传统教学很难做到。由此不难看出，目标教学确实是大学语文课堂教学目标优化的一种方式。当然，实施目标教学也不是一件容易的事，技术层面的目标容易系统化地制定、落实，但精神层面的目标却很难以系统化和数量指标化来实现。

（二）大学语文课堂目标教学的基本环节及其优化

1.示标

示标是课堂第一阶段。教师向学生出示课堂目标，确定该课堂所要完成的教学任务。示标阶段须注意两点：①标的应面向全体学生，分层定位，异步达标。因为目标教学的最终目的是让全体学生达标，获取大面积丰收。②目标的制定应尽可能由师生共同制定。目标有了充分的透明度，学生知道自己对所学的知识要达到哪个水平层次，心中有数，才能有的放矢。

2. 释标

释标是课堂第二阶段。师生共同讨论、研究、阐释所制定的教学目标。在这一阶段，学生在教师的引导下分析目标所包含的要素及内涵，并确定达标所需要的途径和方法，为进一步学习做好知识和方法上的准备。释标阶段要注意两点：①要广泛联系已有的知识，把握好各类学生的"最近发展区"，让学生"跳一跳，能摘到"。②要精心设计启发方案，以求达到训练的最佳效果。

3. 练标

练标是课堂第三阶段，也是关键阶段。教师应精心设计达标的训练方案和引导措施，激励学生自觉投入训练以期达标。这一过程中须注意四点：①训练指导要面向全体学生，不能只盯着几个尖子生而让大多数学生处于视觉"盲点"上。②训练的质量要高，数量要精。质与量的最佳结合便是教学优化的必要条件。③要及时反馈，及时纠正。要及时避免学生在训练中失误的积累。失误积累过多，易使学生丧失信心，滋生厌学情绪。这是目标教学尤其要避免的问题。④教师要善于营造一种严肃紧张而又活泼向上的教学氛围。教师尊重、爱护学生，学生尊敬、信赖教师，师生之间和生生之间形成一股教学合力，其效果必然最佳。

4. 测标

测标是课堂的第四阶段。测标阶段应注意以下两点：①检测方式应具有优化性、创新性，既精要，又实在。②重视学生测验信息的及时再反馈，及时再纠正。

除这四阶段外，目标教学的课堂还有两个附加成分：①开课时的激活性导语。②结课时的评价性结语。虽是附加，但作用不可忽视。目标教学的整个过程中，始终要以现代教学理念为指南，只有有了正确的学生主体观、质量评价观、和谐教学观等新观念，目标教学才能走出一条新路。

第三节　大学语文课堂学习环境优化

一、大学语文课堂教学优化环境的营造

大学语文课堂教学优化环境的营造是一个牵涉面广的系统工程，它涉及包括经费在内的一系列问题。这里主要分析充分发挥语文教师的主导作用，尽可能科学、高效地调用课堂环境诸要素，使之优化组合，形成民主性、暗示性和认知性的学习环境。

（一）民主性环境的营造

教学民主是教学中的一种教风和学风，表现为师生在教学活动中相互尊重、相互信任、相互配合、相互促进，以伙伴式的关系共同完成教学任务。民主性教学环境是相对于专制性或强制性教学环境而言的。营造这种宽松的环境，目的是让学生在一种"心理自由"与"心理安全"的状态下发挥学习的主观能动作用，从而取得良好的学习效果。

营造民主性的课堂教学环境是优化课堂教学过程的必然要求，因为语文学习是一种创造性的复杂智能活动，这种活动要求学生思想解放和富有强烈的探索精神，而这在很大程度上需要环境的保护、支持。

教学过程较一般的认识过程具有自己特殊性，它包含着学生、教师两个认识主体，师生都具有主观能动性，他们互为认识的主体和客体。教学过程不仅要解决师生对教材、教学环境和教学方法的认识问题，还要解决师生互为认识主体又互为认识客体的相互认识问题。在这样一种相互作用、相互制约的教学过程中，如果没有"真理面前人人平等"的民主的氛围和机制，师生就不可能真正做到相互促进和相互作用。民主性课堂学习环境的营造通常可以采取以下策略。

1. 实行"学生自治"性的教学管理

"学生自治"即让学生在学习中自我管理、自我调控。"学生自治"是教育民主思想在教学管理中的具体体现，其关键是要给予学生学习的自主权。具体来说，教师应尊重学生的个性和习惯，给学生留有学习"自治"的时间，允许他们按照自己的意愿和方法，去做自己想做的事，允许他们运用自己的方式方法获得同样的学习效果。同时，教师要让学生参与教学管理，师生共同制订教学计划，共同遵守有关要求，共同监督计划的执行，共同评价计划的完成情况。教师的主导作用主要体现在指导学生"自治"管理，帮助学生养成自我管理能力和自学能力。

著名特级教师魏书生为了培养学生的语文自学能力，十分重视学生的自立、自治。他认为，语文教学改革"一靠民主，二靠科学"。民主解决学生学习的积极性、主动性的问题，解决教师为学生服务，同学生齐心协力搞教改的问题；而科学解决语文知识结构科学化、语文能力结构科学化的问题，解决学生科学的学法和教师科学的教法的问题。在"民主""科学"思想的指导下，魏书生把对学生能力的培养看成一个科学管理的过程。他建立了让学生自主、自治的系统的管理制度，这些制度有效地培养了学生学习语文的自觉性和创造性，极大地提高了语文教学的水平和质量。

2. 实行参与式教学

参与式教学是与依赖式教学相对的一种教学类型。它强调师生间的相互作用，鼓励学生根据自身的特点参与教学目标的制定，采用自己认为最好的方式，去圆满地达到自己所制定的个人学习目标。这种教学的特点是"多维性"，即多种目标，多种结果。实行参与式教学，可以让学生切实享受民主的权利，充分调动学习的能动性，是优化大学语文课堂教学的重要途径。语文教学实行参与式教学，主要应考虑以下几点。

（1）给学生多提供自由选择的学习机会

例如，一篇课文或一个单元的教学目标可以确定为基本目标和较高目标，由学生选择所要达到的目标；作业可以分为基本部分和非基本部分，让学生自由选择完成；作文设置多个命题，让学生选择；可以开设选修课，允许学生选择等。

（2）给学生课堂学习的自主权

给学生课堂学习的自主权关键在于改变课堂上教师"一统天下"的作风，代之以师生共商教学的民主作风。例如，高扬"民主、科学"的旗子，在教学中随时与学生"商量"，不仅教学设想和教学计划与学生商量，每次上课的教学目的、教学内容和教学方法也与学生商量，甚至公开课上学什么、学多少、学到什么程度，仍然与学生商量。这种教风给了学生充分的自主权，让师生真正处于平等地位，从而将教师的意愿转化为学生自己的意愿，给课堂带来了活力和生机。在这种环境中，学生以主人的高度责任感自觉学习探索，学习潜力得以充分发挥。

（3）开展"自治"性的学习活动

例如，让学生命考题，评试卷，互改作业、作文；让学生设计讨论题，主持讨论；让学生上台讲课，当小老师做个别辅导等。

3.实施"开放性"的教学

"开放性"的教学是相对于传统的封闭式教学而言的。这种教学的特点是师生共同交流和切磋讨论，让学生思想开放，心灵自由。实施"开放性"教学，必须做到以下两点：①采用多种让学生参与教学的方式。例如，课堂上可以开展自学、讨论、书面练习、质疑释疑以及演讲、辩论、演课本剧等活动，让学生自由地发挥自身的语文学习个性。②坚持平等自由地探讨问题。"开放性"的教学应坚持师生平等、教学相长的原则；同时，还应创造一种畅所欲言的课堂氛围，即使学生认识上有错误，教师也只能疏导，诚恳地将他们引到正确的方面来，切忌采用简单、生硬的方式压制。

（二）暗示性环境的营造

暗示是在无对抗态度条件下用含蓄的、间接的方法对人的心理和行为产生影响。暗示性学习环境着眼于学生的心理、生理潜力的开发，激发学生的学习动机和求知欲，激活学生的无意识活动和情感活动，主要是指利用能刺激情绪和给人以外围知觉的教学手段，创造出适宜的学习环境，激发学生学习的心理动因和产生良好的学习体验，让它们与有意识活动和理智活动协调配合，从而达到最佳的学习效果。

暗示性环境的营造重在形成一种轻松愉快、自由和谐的氛围，形成一种与言语学习内容相适宜的场景。教师亲切的态度、饱满的情绪、生动的表情、节奏分明的语调以及与课题学习协调的空间、色彩、媒体等，都是构成暗示性环境的因素，都能直接触动学生的直觉和感情，引起他们无意识的、模糊的知觉活动，充分发挥出大脑活动的认识机能。暗示性课堂学习环境的营造可以采用以下几个策略。

1. 营造协调气氛

暗示是针对无意识的，暗示环境的作用就是激活无意识，使它与有意识协同活动。暗示学的创始人、保加利亚教育家洛扎诺夫认为，感情和想象是无意识心理倾向的重要构成部分。这也就是说，要发挥环境的暗示作用，首要发挥教师感情的投影作用和调控作用，以教师积极的情感去激发学生的情感，创造出适合于有效发挥暗示作用的协调气氛。教师积极的情感、欢快的情绪，能使学生精神振奋、智力活跃，容易形成新的联系；反之，消极的情绪则抑制学生的智力活动。学生高高兴兴地学，与愁眉苦脸地学，效果截然不同。教师的作用就在于调动各种因素，使学生始终在愉快而不紧张的气氛中学习，与此同时，努力促进班级中师生间、生生间建立和谐的人际关系，并注意调控学生的情感状态，使班级的情感状态与课堂教学内容的情感因素有机融合。这样，学生便可始终处于乐学的情绪状态之中，从而积极主动地学习，确保教学环境的暗示性作用的实现。

2. 创设教学情境

教学情境指教师依据完成课时教学任务的需要，调用各种教学手段，引导学生进入教学情境。教学的全部信息总是在一定的课堂教学情境中进行传递的，而良好的课堂教学情境有助于激发学习兴趣，有助于信息的有效传递。创设教学情境，可以使语文教学内容具有浓厚的趣味性和实用性，这样既可以排除学生因高容量而产生的畏难情绪，又能激发学生掌握教材的动机，引起学生接收信息的兴趣，激活他们的无意识心理，调动他们的认知潜能，从而高速掌握和消化所教的学科知识。

创设情境的手段很多，如在上课时伴以音乐，在游戏活动中传授知识等。特别是随着多媒体和网络技术在教育教学中的运用，创设教学情境的基本手段已有了很大的改变。借助多媒体和网络技术，运用更为直观可感、生动可视的影像、图片等资料，可以实现"生活显示情境、实物演示情境、音乐渲染情境、图画再现情境、语言描述情境"等情境的创设。与传统的情境创设相比，多媒体网络技术的情境创设具有更直观、生动，信息量更大、吸引力更强等特点。随着课程改革的推进和新的课型的出现，教学情境的创设必将有更多更新的手段，但无论运用什么样的手段来完成，都必须注意：①与课时内容吻合。②贴近学生生活实际。③适度而不喧宾夺主。④符合学生身心发展的水平与特点。⑤情境富于变化。

3.打造课堂艺术

兴趣是感情的体现，能促发和保持动机的产生。课堂学习环境中的权威、情景、图示、音乐、节拍、声调等，都是重要的暗示手段，利用好这些情绪刺激源和外围知觉对象，可以有效地激发学生学习兴趣，开发课堂学习潜能。教师的教学权威不应是一本正经地居高临下，而应是平等民主的作风，平易近人的品性，严谨精讲的精神，客观公正的态度，求真求实的学风，诙谐生动的幽默……这样的权威，才能赢得学生的尊敬和激发学生对语文学科的感情。

情景、图示、音乐、节拍、声调应是大学语文课堂重要的组成部分，借助这些有效的形式、色彩、节奏和韵律，直接作用于学生的直觉和感情，可以打动学生的身心，又通过全身心的参与而激活潜意识，特别是维持兴趣的保持期。在教学过程中，适当利用电影、戏剧等艺术形式，把有关教学内容的基本原理和规则系统与音乐舞蹈、表演等联系起来，有助于激发学习潜能，获得心理上和教学上的效果。语文教师要善于利用这些外在的情绪刺激源来营造暗示性的学习环境。

（三）认知性学习环境的营造

1.认知性课堂学习环境的特征

（1）知识信息富足

语文学科的内容无论如何理解，其表现形式都是以语言文字为载体来传达信息，所有环境的设置都必须围绕着传达信息这一中心。知识信息越丰富，越利于学生认知水平的提高，也直接关系到学习效率和效度。

（2）符合认知规律

课堂的知识容量的多少，程度的深浅，传输方式的变化要能体现不同学习阶段的差异，要由一般到特殊，由简单到复杂，由低级到高级，由具体到抽象，要体现出认识—实践—再认识—再实践的两次飞跃。

（3）重视方法与技能

课堂传授的不应只是零敲碎打的语言知识，而应是语文学科学习的理念和基本方法。认知性学习环境的营造应着眼于学生心智的健康发展，坚持科学性与实用性相结合的原则；着眼于实现学科知识的高效传授，要坚持稳定性和渐进性相结合的原则；着眼于培养学生学会学习，终身学习，要坚持发展性和可持续性相结合的原则。

2.认知性学习环境的营造策略

（1）提供丰富信息

根据信息的来源及内容的不同，课堂信息可分为学科知识信息、思想道德信息、心理情感信息和交叉学科信息四种。语文学科知识信息包含语音、语词、语法、修辞、逻辑、文学、文化、听说读写等方面的信息和汉语所特有的文言文信息等。思想道德信息包括中国传统的伦理信息、中国现代的道德信息、进步的思想信息等。心理情感信息包括健全人格信息、健康心理信息、积极高雅的情感信息等。

交叉学科信息指语文学科的课堂学习还广泛牵涉到历史学、经济学等学科知识。所以，丰富而科学的信息，是认知性课堂环境的基本内容，提供的信息量越丰富，越利于学生心智的健康发展。为此，教师要做到：一要努力提高自己的学识修养，既要成为语文学科的专家，又要成为博闻强记的杂家；二要充分使用多媒体等现代教育技术补充语文教材信息量的不足；三要掌握先进的教学方法，做到举重若轻，化繁为简，以避免知识信息纷杂产生的枯燥感、零乱感；四要有意识地收集和整理最新的知识信息；五要注意课堂信息的丰富性和适度性；六要传授学习方法，揭示语文学习规律，将陈述性知识与程序性知识和策略性知识相结合。

（2）广开信息渠道

大学语文课堂信息量大并不意味着学生在课堂上获取的信息量就多，这当中牵涉到负载信息的语言载体和知识传输的形态等问题。优化了的课堂应充分调用最有科技含量的教学手段来提高载体的信息容量，转换信息的传输形态。有关研究表明，单用口头语言（即以教师讲授的形式）或单用书面语言（即学生阅读的形式）来传播知识，学生实际获得的教学信息减少，因而在课堂学习环境的创设中，教师要在教学信息的传输方式上大做文章。除采用传统的讲授方式，还应采用多媒体音像载体，采用挂图、实物、幻灯、模型等实物载体同时作用于学生的听觉器官、视觉器官、触觉器官等，变单向机械的信息刺激为多向生动的刺激，实现课堂信息"多向辐射"。

（3）调配课堂环境要素

大量研究表明，采用学生自己喜爱的学习方式组织教学，会使他们获得更好的成绩。在班级授课制的组织形式之下，这一点显然极难做到。但我们仍可通过调配课堂环境要素的方法尽量达到课堂学习环境的优化。主要可以从以下几方面着手。

①调控教室光线。一般认为，学生在光线充足的教室里学习效果最佳，但实际研究结果却表明，只有部分学生在光线充足时才学得最好，因而可以采用灯光调控、设置书橱、添置屏风等办法在教室中布置一些光线强弱不同的小区域，并允许学生选择适合自己的位置。

②保持课堂合适温差。不同年龄和性别的学生对课堂温度需求差异较大，因而教师要指导学生了解自己对温度条件的要求，保持教室不同区间的温度差，供学生自主选用。

③设置适宜音乐。一般认为，学生在安静的课堂中学习效果最佳，但

许多学生在学习中有音乐相伴，效果更好，因而根据课堂教学内容，利用课堂中的教学设施，提供适宜的音乐，有助于学生认知效果的提高。

④课堂组织灵活。一般认为，实行集体授课效果最佳，但学生的个性差异，学习中对外在环境的依托程度较为悬殊，因而组织课堂教学时，应遵从设法使学生学得更好的原则，让学生选择独立、成对、成组的多种组织形式。

（4）完善课堂管理

作为课堂学习软环境的重要组成部分，传统意义上的课堂管理都是由教师作为管理标准的执行者来实现，这既没达到民主化的要求，又不利于课堂环境功能的发挥。课堂管理具有对学习行为的启动、导向、激励、反馈和调控功能，可以成为学生个体的行为准则，促使个体约束自己的行为，从而逐步形成班级的习惯，在长期的执行中形成班风和学风。班风和学风一旦成为班级的集体意识和共同的行为规范，必将对课堂学习的个体和全体产生积极的影响，成为学生认识和评价自己行为的标准，成为维持、巩固、发展班级的支柱。作为课堂学习软环境的课堂管理，一定要充分发扬民主，师生共同参与。课堂管理的制度、办法措施，都要民主决策，共同遵守，以形成班级共同的积极向上的学习态度，营造出良好的认知氛围，保证课堂教学的质量。

二、大学语文课堂优化环境的功能

课堂学习环境是指在课堂教学活动中，影响教师教和学生学的一切内外条件。课堂是一种特殊的社会环境，其构成要素众多。从内容构成看，可以分为物理环境、心理环境和信息环境。课堂学习环境也可分为"硬环境"和"软环境"两大类："硬环境"主要由课堂的主要构成要素"人"（学生、教师）和课堂基本教学设施（包括电教设备，如电脑、电视机、投影仪、实物展示平台、广播、音响、挂图、灯具、桌椅）构成；"软环境"主要由风气（班风、学风）、学习气氛、师生关系、学习制度等构成。

课堂学习环境的优化，是指教师依据教学目标的需要，选用恰当的行为策略调配环境各构成要素，调控对环境要素使用的过程、效果，以确保教学目标实现。语文学科作为人文性和互动性很强的学科，其教学任务的完成和教学目标的实现有赖于大学语文课堂学习环境的优化。概括来说，优化的大学语文课堂学习环境具有五大基本功能：陶冶功能、发动功能、认知功能、激活功能和创新功能。

（一）陶冶功能

陶冶功能指大学语文课堂优化环境能陶冶学生的心理，有利于培养学生健康高尚的审美情操，形成良好的道德品质。大学语文课堂环境的陶冶功能主要是由优化环境作用于语文的人文性内涵而产生的。优化的大学语文课堂教学环境下师生关系和谐、课堂气氛融洽、学习轻松愉悦，加之媒体教学设施运用的直观性、情境性的效应，可以让学生进入最佳的学习境界。进入这种境界，学生便可以在一种愉悦的接受心理状态下，自然地将自我精神世界与语文所表现的人类崇高的精神世界融为一体，实现情操的陶冶和道德的升华。即使是文字、词语和语法等学习内容，也会因为环境的优化而妙趣横生，从而培养起学生对中国语言、文字的深厚的感情，使学生受到思想感情的熏陶。

与此同时，在优化的大学语文课堂环境中，有师生互爱互助的情感美，有课堂气氛愉快而轻松的和谐美，有师生共同追求真理的理智美，有语文教学过程的艺术美等，这些都构成大学语文课堂的审美要素，可以满足学生的审美情感的需要，让他们在潜移默化中实现以美育德、以美养心的目标。

（二）发动功能

发动功能是指大学语文课堂的优化环境能激发学生语文学习的动机和兴趣等心理动因，使他们自觉参与语文教学过程，主动积极地进行学习活动。优化的大学语文课堂学习环境是一个开放性、师生互动的学习环境，学生学习的主体地位得到充分尊重和发挥，学习的途径和方法呈现出多元化的态势，师生、生生的双方、多方互动体现得十分充分，现代教学手段运用十分普及。这种民主、平等和自主的氛围和机制，可以让学生充分体验到在大学语文课堂学习中的主体地位，从而增强学习的主人翁责任感和自觉性，把学习作为自身的内在需要，产生强烈的语文学习的动机和兴趣。

在优化的大学语文课堂学习环境中，师生处于平等的地位，互相理解、信任、尊重，加之现代教育技术将语文学习内容的生动性、形象性的优势充分发挥，创设出动人的教学情境，也能激发学生语文学习的心理动因。

（三）认知功能

认知功能是指大学语文课堂优化环境能促进学生在语文学习中的认知活动，帮助他们顺利地掌握语文知识、提高语文能力。优化的大学语文课堂学习环境能呈现与语文学习内容相宜的情境，让学生在生动活泼的言语情境中接收和输出知识信息，这有利于学生在课堂不断地感受、识别、筛选、储存知识信息，并根据已有的认知结构进行分析、综合，形成头脑中新的认知结构。同时，优化的大学语文课堂学习环境，通常呈现着问题情境，这些问题情境有助于启发和调动学生思维的积极性，可以让学生充分发挥自己认识的能动性，并在师生互动、生生互动的多向互动中，提高自己分析问题、解决问题的能力，从而切实掌握语文知识、形成语文能力，实现语文学习的优化。

（四）激活功能

激活功能是指大学语文课堂优化环境能激活学生的潜意识，参与语文学习认识活动，使他们的内在潜能充分释放出来，从而进行高效学习。从某种意义上说，教学的优化就是对人脑的开发，让学生的潜能得到释放，配合潜意识积极进行学习认识活动，从而取得最佳的学习效果。潜意识的激活需要有轻松、愉快的学习环境，而优化的大学语文课堂学习环境确立了学生的主体地位，营造了民主的教学氛围，可以让学生在轻松、愉快的环境中使潜意识活跃起来，释放出巨大的学习潜能。

（五）创新功能

创新功能是指大学语文课堂优化环境有助于学生积极探索，充分发挥自己思维的独立性、批判性和创造性，促进学生语文创新能力的形成。创造性学习需要相宜的学习环境来推动、激励。现代心理学认为，创造性学习的动力主要有三点：一是激情的推动；二是强烈求知欲的驱使；三是不断进取精神的鞭策。优化的大学语文课堂学习环境能激发学生的学习热情，鞭策学生不断进取、求异创新。

第四章　和谐课堂视角下的大学语文教学

第一节　大学语文和谐课堂教学创设的理论基础

一、哲学基础

任何一门学科的建立都需要有哲学的指导，和谐课堂教学的构建也离不开哲学思想的指导。马克思主义哲学是科学的世界观与方法论，它要求我们用辩证唯物主义和历史唯物主义观点去研究和谐课堂教学的构建，也就是用普遍联系和永恒发展的观点，把和谐课堂教学的构建置于多种因素相互联系的动态过程中；用辩证唯物法的对立统一规律、否定之否定规律去探讨和谐课堂教学的构建；用量变质变规律去分析课堂教学过程的变化；根据内因和外因的辩证关系来分析学生的主体性；根据整体和部分的辩证关系来对和谐课堂教学进行整体构建。

课堂教学是一个系统，它是由若干教学要素构成，如教师、学生、教学内容、教学方法、教学手段等，这些教学要素是相互联系的，它们之间既存在着和谐的一面，又存在着不和谐的一面，和谐与不和谐这种对立统一的矛盾贯穿于整个课堂教学中，推动教学过程不断发展。否定之否定规律告诉我们事物是肯定方面和否定方面的统一，否定是对旧事物的质的根本否定，但不是对旧事物的简单抛弃，而是变革和继承相统一的扬弃。因此，课堂教学中某些"不和谐的音符"是对学生有利的，它们是学生创造性思维发展的源泉，我们要充分利用这一部分"不和谐"；而有些不和谐是不利于课堂教学和学生发展的，我们要创设一定的条件使这部分不利的"不和谐"向"和谐"转化。和谐是有层次的，往往经历着从"不和谐"到"和谐"再到"不和谐"，进而到"更高层次的和谐"这种周期性的螺旋式发展过程，体现了矛盾运动的规律。和谐课堂教学也同样经过"和谐"到"不和谐"再到"更高层次的和谐"的周期性的螺旋式发展过程，这一次次蜕变和发展使得师生关系更加融洽，课堂教学更具活力与创造力。和谐课堂教学强调内外部教学因素的统一发展，外因是事物发展的重要条件，内因是事物发展的根本原因，我们应创造和谐的课堂教学环境促进学生和谐发展，但更应该注重学生的主体性、自主性和主动性，强调引导学生将教育内容不断内化为自己的思想、能力和素质。另外，课堂教学是由若干相互联系的教学要素所组成的有机整体，但整体不是部分的简单相加，而是各个部分的有机结合，当各部分以有序、合理、优化的结构形成整体时，整体功能大于各部分功能之和。因此，我们要合理地协调各种教学要素，使其达到融合与统一，令整个教学过程处于一种动态、多样化的平衡状态，课堂教学最优化，其整体功能得到发挥，产生最佳的教学效果。

二、心理学基础

和谐课堂教学的构建与心理科学（包括普通心理学、发展心理学、教育心理学、社会心理学等）有密切联系。只有以心理学为理论基础，和谐课堂教学的构建才会有扎实的基础。在课堂教学中，教师和学生的心理研究是构建和谐课堂教学的重要基础。教师的思维特点、个性倾向、能力品质等，学生的身心发展、认知结构、元认知水平、非智力因素等都离不开心理学。心理学知识告诉我们，动机是行为的内在动力，它决定行为的发生和方向。如果机体的行为没有动机的驱使，这种机体就是被动的，不会主动习得，外界的强化也就不会对机体产生良好的刺激效果。美国心理学家布鲁纳提出，最好的学习动机是学生对所学知识本身的内部兴趣。教师应注意教学内容、教学手段和学生的实际情况之间的和谐，根据教学内容及学生的认知特点，选择多种多样适宜的教学手段，激发学生的学习兴趣，使学生保持良好的学习动机。另外，教师应针对每个人的不同情况来制订预期目标，遵循心理学中的"最近发展区"原理，要让学生"跳一跳摘到桃子"，从而激励其努力实现目标，并能够从成就感中得到快乐，继续努力。此外，和谐课堂心理环境的构建更与心理学理论息息相关。课堂心理环境是指课堂教学中影响学生认知的师生心理互动环境，如班风学风、师生关系、同学关系、课堂气氛等。心理学研究表明，课堂心理环境不仅对课堂教学活动产生影响，也对学生认知、情感、行为产生影响，更对学生的身心健康发展有着明显的影响。课堂心理环境融洽还是冷漠，活跃还是沉闷，将对整个课堂教学产生积极或消极的影响。和谐、愉悦的课堂心理氛围有助于学生积极参与课堂活动，而紧张、冷漠的课堂心理氛围会大大抑制学生的学习热情。因此，我们要营造和谐的心理氛围，使学生与教师、学生与学生、师生与环境产生愉悦的"心理磁场"，从而实现课堂教学效果的优化。

三、和谐教育理论

和谐教育思想在中西方都源远流长，在西方，和谐教育思想最早产生于古希腊。古希腊"三杰"即苏格拉底、柏拉图、亚里士多德，他们的教育思想中都提到了和谐发展的观点。苏格拉底提出了"美德即知识"的命题；柏拉图强调早期教育，注重学习读、写、算、骑马、射箭等知识和技能，要求 12 岁到 16 岁阶段的少年要分别去弦琴学校和体操学校学习；亚里士多德把灵魂分为植物的灵魂、动物的灵魂和理性的灵魂三部分。与之相对应，提出了体、德、智三方面的教育，此外，他还注重音乐教育。近代教育之父夸美纽斯在其著作《大教学论》写道："事实上，人不过是身心两方面的一种和谐而已。"德国著名的自然主义教育思想家第斯多惠，在《德国教师培养指南》一书中提出"和谐教育思想"，第斯多惠认为每一个人都应当追求内在自我的和谐培养，在和谐培养原理的指导下，每个人充分地发挥自己的特长，发展成为一个完美的人。苏联教育家苏霍姆林斯基是和谐教育思想的集大成者，他从事教学理论与实践研究三十多年，提出个性全面和谐发展教育思想。他认为，为了培养全面和谐发展的人，必须在整个教育过程中实施和谐的教育，即把人对客观世界的认识和个人的自我表现结合起来，使二者达到一种平衡。就我国而言，和谐教育思想可以追溯到春秋时期的孔子。孔子提出"礼之用，和为贵"的和谐教育主张，强调把知、仁、勇三者统一起来，实质上就是智育（知）、德育（仁）、体育（勇）的统一。近代蔡元培的五育（军国民教育、实利主义教育、公民道德教育、世界观教育和美感教育）、陶行知的手脑结合等主张，都寓有和谐发展的教育思想。此外，全面发展教育是马克思主义教育思想的重要组成部分，马克思主义认为人的全面发展最根本的是指人的劳动能力，即体力和智力的充分的自由的发展，体现了和谐教育的思想。可见，中西方和谐教育思想都主张在德育、智育、体育、美育和劳动教育全面发展的基础上寻求学生内在个性的协调发展。

当前的和谐教育是在汲取以往和谐教育思想精华的基础上，依据马克思主义关于人的全面发展学说和现代系统科学的基本原理而提出，即从促进社会全面协调可持续发展和全体社会成员身心全面发展的统一实现出发，调控全社会和教育场中各要素的关系，使全社会教育的节奏符合社会成员发展的规律，全体社会成员的基本素质获得全面充分发展的教育。和谐教育与激励教育、创新教育、愉快教育一样，都是实现素质教育培养目标的教育模式。和谐教育以学校教育教学为主要形式，以课堂教学为中心，调控课堂教学中的各种要素（如教学的目标、内容、方法、手段等）之间的关系，使之互相协调、配合，实现多样性的统一，使教学的节奏符合学生发展的规律，令"教"与"学"产生"谐振效应"，从而提高课堂教学质量，减轻学生负担，使学生得到全面、和谐、充分的发展。和谐教育理论直接并深刻影响着和谐课堂教学观念，为实现和谐课堂教学奠定了一定的思想基础和理论依据。

第二节　大学语文和谐课堂教学创设的原则

一、以人为本原则

学校是培养人才的场所，课堂教学又是学校教育教学的主要形式，没有和谐的课堂教学就不会有和谐的校园，也就不会有和谐的社会。学生是课堂教学的主体，所以，"以生为本"是以人为本在和谐课堂教学中的具体体现。以生为本主要包含两方面的意思：第一，教师要认真钻研教材，精心备课。在组织课堂内容时必须考虑到所讲授的内容是否符合学生的实际情况，是否有利于学生对知识的理解和吸收。第二，课堂中的一切活动都应当坚持以学生的全面和谐发展为本，始终把学生放在第一位，以学生为出发点，立足于学生潜能的开发、素质的提高和能力的发展。要建立民主、平等、尊重的课堂教学人际关系，尊重学生的权利、人格和个性需要，关心、理解和信任每一位学生。在开展课堂教学活动中，要充分发挥学生的主体性，给一切学生提供一切机会，尽可能地让每一位学生都积极参与教学活动，实现师生、生生互动，共同发展。只有坚持以人为本,才能体现教育对人生命主体价值和人的主体地位的科学认识,这意味着课堂应把人的世界和人的关系还给人自己。

二、整体性原则

课堂教学可以看作由教师、学生、教学内容、教学方法、教学手段等若干相互联系的教学要素构成的一个系统。按照马克思主义的观点,系统是事物内部互相联系着的各个要素、部分所组成的有机整体。整体与部分相互依赖,没有部分就不会有整体,没有整体也无所谓部分。但整体不是部分的简单相加,整体是各个部分的有机结合,整体具有部分所没有的新功能。当各部分以有序、合理、优化的结构形成整体时,整体功能大于各个部分功能之和。一根筷子的韧性较差,容易被折断,而一大把筷子的韧性就大得多,不易被折断。"三个臭皮匠,抵个诸葛亮""一花独放不是春,万紫千红春满园"等俗语都揭示了这个哲理。反之,当各个部分以无序、欠佳、不合理的结构形成整体时,各部分原有的性能得不到发挥,其力量被削弱,甚至相互抵消,从而使整体功能小于各部分功能之和。因此,我们在构建和谐课堂教学时要遵循整体性原则,使课堂教学各要素之间相互配合,处于一种协调、统一的状态,即和谐的状态，让课堂教学的整体功能得到最大程度的发挥。

整体性原则体现在两方面，即面向全体学生的发展和学生个体素质的全面发展。一是面向全体学生。课堂教学要克服过去"尖子"教学与"英才"教学的片面性和单一性做法的影响。教师要关注每一位学生，保证全体学生都能受到很好的教育，都能有机会参与课堂教学的各项活动，使他们每个人在不同程度上有所提高和发展。教师特别要对学习困难的学生给予切实的帮助和指导，让他们都有所进步。二是学生个体素质的全面发展。人本主义心理学认为，任何健康人都是一个完整的统一体，他们各自的意识、认知、情感和运动彼此较少分离，更多的是互相协作，即为了同一目的没有冲突地协同工作。因此，我们必须把人当作一个理智与情感的整体去研究，必须用整体分析法来研究人，才能得到更有用的结果。人是完整的人，具有自然属性和社会属性，是具备德、智、体等基本素质的有机体。课堂教学应该摒弃只重视知识教育而忽视能力培养和品德教育的做法，要关心学生的身心、情感、认识，使学生德、智、体、美、劳等各方面得到整体发展。这里需要特别指出，强调学生的整体发展并不意味着忽视学生的个性发展。全面发展不等于平均发展，平均发展最终只会扼杀个性。个性发展是指个体在性格、能力、兴趣、价值观念等方面形成的稳定的心理特征。个性发展和全面发展并不矛盾，两者是对立统一的关系。全面发展是个性发展的基础，个性发展是全面发展的核心。我们要培养创新人才，必须在促进受教育者全面发展的基础上来提倡他们的个性发展。

三、发展性原则

构建和谐课堂教学要坚持发展性原则，就是要促进教师和学生共同发展。和谐的课堂教学应包括学生自身的和谐发展和教师自身的和谐发展。教师的发展是学生发展的基础，是学校可持续发展的不竭源泉。如果教师发展不能顺应时代要求，就不可能逐步提高学生的素质。学生的发展是教师教育教学的立足点，是课堂教学的最终目标。只有教师和学生共同进步、共同发展，才是双赢，才能真正促进课堂教学的发展，促进学校的发展。

活动是人的发展得以实现的现实性因素和决定性因素，也是人的素质发展的基本机制。课堂教学所具有的特定条件、结构及课堂教学活动，尤其是学生活动的状态，决定了课堂教学对学生的素质形成具有发展价值。课堂教学为学生认知素质的发展提供了重要资源和途径，为学生除认知外的素质发展（兴趣、情感、态度、品德等）奠定了认知上的基础。教师应关心和爱护每一个学生，促进学生全面发展，同时要注重发展的全体性、全面性、主动性、差异性和持续性。

和谐课堂教学的构建以多元智能理论为理论依据，特别注重学生多元智能的发展和学生能力发展的多元化。和谐课堂教学所倡导的探究学习和合作学习可以改变学生原来的接受性学习方式，为学生创设开放的学习环境，从而为学生的发展提供了广阔的空间。探究学习有利于培养和发展学生搜集信息、处理信息、分析信息的多元能力，以及动手操作能力、发散思维能力、创新能力。通过师生合作、生生合作可以发展学生的协作能力和交往能力，并在合作交往中丰富其自身的情感与多元化体验。这些方面能力的培养和发展既体现了新课程改革的宗旨，也是构建和谐课堂教学的目的所在。

所谓"学高为师，身正为范"，教师不仅是知识的传播者、人格的影响者，也是道德的示范者，教师的一言一行都会对学生的世界观、人生观、价值观产生重要而持久的影响。因此，在促进学生发展的同时，教师也应该不断提升自身的素养和专业水平。教师要转变教育理念，树立"以学生发展为本"的教育理念。教师要与学生真诚相待，建立和谐的师生关系；要有一定的教学机智和教学幽默感，能从容面对意外情况。此外，教师必须不断发展与人合作的意识与能力，教师之间、师生之间要相互合作、互相学习，取长补短。教师还必须不断提高课程开发的意识与能力，随着新课程的实施，教师要充分地认识到自己是课程的开发者和建设者，而不是课程的消费者和执行者。教师要善于根据学生的心理特点和兴趣爱好，结合教学内容，开展探究活动课的教学。

四、革新性原则

课堂教学是教师和学生真实生命历程的重要舞台，是学校教育教学的主要形式，是实施素质教育的主阵地。当前，我国正在进行基础课程教育改革，教育要改革，就应该从课堂教学开始迈步，如果我们的课堂教学不改变，仍然"穿新鞋，走老路""换汤不换药"，那新课程改革的目标就难以实现。课堂教学是教育改革的切入点，是新课程实施的核心环节。和谐课堂教学的构建要坚持革新性原则。改革本身就意味着创新，课堂教学要跟随新课程改革的步伐进行改革。创新是一个民族的灵魂，是国家兴旺发达的不竭动力，当然也是和谐课堂教学发展的源泉。

创新既包括事物发展的过程又包括事物发展的结果，包括新的发现发明、新的思想和理念、新的学说与技术以及新的方法等一切新事物。创新教育是指根据创新原理，以培养学生一定的创新意识、创新思维、创新能力及创新的个性为主要目标的教育理论和方法，它使学生在牢固、系统地掌握学科知识的同时发展他们的创新能力。创新教育是当前全国学校教育改革的主旋律，是实施素质教育的关键。创新教育首先应该从课堂开始，需要课堂教学的创新。在课堂教学中，教师要大胆开展创新教育，以培养学生创新意识和创新能力为己任，转变教育思想、更新教学观念，努力改进教学方法与手段，注意创新教育经验的运用和吸收，让课堂教学真正成为培养创新人才的摇篮。但是，传统教育在学生创新能力培养的许多方面都不尽完善，严重影响了学生创新才能的发展。在知识经济时代，为满足创新人才的需求，必须在目前的教育改革转型时期，从教育观念、培养目标、教学内容、教育方法与手段，以及管理体制等若干要素着手，加大教育创新力度，以教育创新促进创新教育。教师要改变教学理念，树立新的知识观、学生观、人才观和教学观，这是课堂教学改革与创新的思想基础。教师要不断提高自身素质，具备较强的创新意识和较强的创新能力，使自己的角色由单一向多元转变，这是实现课堂教学改革与创新的前提条件。课堂教学要从以教师为中心（"教为中心"）变为以学生为中心（"学为中心"），倡导自主、合作、探究的学习方式，这一学生学习方式和教师教学方式的改变是实现课堂教学改革与创新的关键所在。同时，要在传统纯知识记忆的考试教育教学评价体制方面大力革新，因为建立科学的教学评价是实现课堂教学改革与创新的基本保障。

五、互动性原则

传统课堂教学过分注重学科知识，忽视了学生的存在。教师把教学看成是单向的传道、授业、解惑，却忽略了学生的兴趣和需要；过分强调教师传授，忽视了学生的参与。课堂教学中"一言堂""牵着鼻子走路""牛不喝水强按头"的现象相当严重，学生成为被动的知识接收者，很少有机会参与到课堂教学活动中；过分关注学习的结果，忽视了学习的过程。学校过分关注分数和升学率，导致学生死记硬背，缺少自主探究、合作学习、独立获取知识的机会，这对发展学生的创造性思维和培养学生解决问题的能力无任何益处。由此可见，传统课堂教学并不是和谐的课堂教学，学生身心也得不到和谐发展。社会是人们交互作用的产物，一个人的发展取决于和他直接或间接进行交往的其他一切人的发展。和谐课堂教学应是师生互动、生生互动、心灵对话的舞台，应是师生共同创造奇迹、唤醒各自沉睡潜能的活动。因此，我们要遵循互动性原则来构建和谐课堂教学，实现师生、生生互动，共同发展。

互动是指充分利用和学习有关能够相互作用的教学因素，促使学生主动地学习与发展，进而使课堂教学高质高效。互动对课堂教学而言，意味着对话、参与和相互建构。教学可以看作教师、学生、中介这三个动态因素以信息为载体的互动过程，是一种复合活动。它具有多向性，强调多边互动。课堂教学互动包括人与人（师生、生生）互动、人与机（计算机等课堂多媒体辅助教学工具）互动、人与文本互动、人与环境（课堂）互动等多种全方位互动。其中，师生、生生互动又可以分为五种基本类型，即教师个体与学生群体的互动、教师个体与学生个体的互动、学生个体与学生个体的互动、学生个体与学生群体的互动、学生群体与学生群体的互动。课堂情境符合学生的求知欲和心理发展特点，师生之间、同学之间关系正常和谐，学生产生了满意、愉快、羡慕、互谅、互助等积极的态度和体验，这些积极的课堂心理气氛是课堂教学互动的基本条件。积极的课堂心理气氛的形成，要靠教师的精心组织和主动创造。教师是

积极课堂心理气氛的创造者和维护者——教师的威信使其能以自己的积极

情感感染学生，建立良好的班级人际关系，使学生在课堂学习中始终保

持良好的心理状态，并能有效地进行课堂教学调控。合作学习是课堂教

学互动的基本理念，通过小组合作、小组间的互练互评、成果展示、教

师参与学生的活动、师生民主对话等形式，使有效互动成为课堂的主旋律。

师生、生生之间的交流互动可以起到促进相互学习、彼此互补、共同发

展的作用。交流互动不仅有利于开阔自己的视野，而且增加了了解他人

的机会，更重要的是在互动中加强了情感上的沟通与交融，有利于形成

友爱、和谐、互助的集体。

第三节　大学语文和谐课堂教学的策略

和谐课堂教学的构建是一个长期而艰巨的过程，在这里，笔者提出五

个可供参考的要求，从观念到行动，逐步地构建和谐课堂教学。

一、培养和谐课堂教学的意识

和谐课堂教学的构建是进行和谐课堂教学的前提和必然。人的行动建

立在一定的思想意识基础上，先有意识，才能在意识的指导下做想做的

事情。教师和学生是构成课堂教学最基本的"人"的因素，构建和谐课堂教学的动力来自全体教师和学生，需要他们形成合力。因此，和谐课堂教学的构建需要充分培养教师和学生的和谐理念，使他们形成和谐意识，建立对和谐课堂教学构建必要性的认识，从而为和谐课堂教学的构建奠定坚实的思想基础。

（一）明确进行和谐课堂教学的意义和价值

在大学教育阶段，教师承担着构建和谐课堂的教学职责，因此教师应自觉培养和谐课堂教学的意识，深入研究教师的"教"与学生的"学"。但是审视当今的大学课堂教学，我们会发现，教师对"教"的研究只限于怎样在一堂课（45分钟）内完成教学任务，缺乏对学生"学"的深入了解。整个课堂教学大部分时间都是教师讲，学生听，教师理所当然认为自己是课堂教学的主体，而学生是接受知识的客体，教与学呈现出不和谐的关系，教师也没有培养和谐课堂教学的意识，更谈不上构建和谐课堂教学。在学生的意识里，教学目标和计划都是事先为他们制订的，教师是以完成课堂教学任务为职责的，因而对自己在课堂教学中的主体地位缺乏正确的认识，当然也认识不到和谐课堂教学的必要性和重要性。

社会主义和谐社会需要的是身心和谐发展的人，而和谐课堂教学能促进人身心的健康发展，培育出符合和谐社会发展需要的人才，塑造一代和谐社会建设的精英。相反，不和谐的课堂教学会摧残人的身心。因此，教师要理性进行和谐课堂教学的意义和价值，明晰自己在和谐课堂教学中的地位、角色和使命，并充分认识和谐课堂教学的必要性和重要性，自觉地培养和谐课堂教学的意识。

（二）增强学生主体意识，树立自我和谐发展观念

主体意识是人对自身的主体地位、主体能力和主体价值的一种自我觉悟，是主体的自主性、能动性和创造性的意识表现。学生主体意识的觉醒，意味着学生主动参与自身发展，以达到身心自由、充分发展。学生主体意识的强弱，在某种意义上决定着其对自己身心发展的自知、自检、自主、自奋的程度。主体意识越强，学生参与自身发展的自觉性就越强。因此，教师在课堂教学中要增强学生的主体意识，使学生参与自身发展的自觉性提高，对自身身心发展的自知、自检、自主、自奋的程度也相应地提高。同时，教师和学生都要树立自我和谐发展的观念。古人云："师者，范也；言行动静，皆可为式。"只有和谐发展的教师才能培养出和谐发展的学生。

因此，教师要不断地提高自身的素养和专业水平，在不断地自我学习和反思中能等待、会分享、常宽容、善选择、巧合作、敢创新，努力让自身得到和谐发展。同时，学校必须加大和谐社会构建、和谐课堂教学构建的宣传力度，学生也应该把自己当成和谐社会中的一员，当成和谐课堂教学中的一分子，树立自我和谐发展的观念，将自我和谐发展作为一种内在需要、动力和目标，不断地严格要求自己，向和谐发展的目标靠近。

二、建立和谐的课堂人际关系

课堂人际关系是指课堂里人与人之间在情感与信息交流过程中所形成的比较稳定的心理关系。主要有两种类型：一种是垂直的人际关系，即师生关系，另一种是水平的人际关系，即同学关系。和谐的课堂人际关系是孕育学生身心和谐发展的沃土，而矛盾和冲突的课堂人际关系则会让教师和学生感到忧虑和苦恼，甚至会影响身心健康。因此，要想培养身心和谐发展的人，我们必须建立和谐的课堂人际关系。

（一）建立和谐的师生关系

和谐的师生关系是促进学生健康情感和良好社会性发展的基础，是保证教育教学活动顺利完成的前提，是素质教育得以实现的关键。和谐的师生关系是一种经久不衰、富有生命力的教育力量。它有利于创设民主、和谐、轻松的课堂教学氛围，师生之间相互尊重、相互信任，教师能心情舒畅地教，学生能轻松快乐地学；有利于师生间的交流与合作，师生坦诚相待，相互体谅与包容，彼此敞开心扉，在知识和情感上都能得到很好的交流，学习上也可以成为很好的合作伙伴；有利于学生养成自尊和尊重他人、诚实、善良等优秀品质。和谐的师生关系要求教师有高尚的品德修养、良好的举止规范，这些都会在潜移默化中影响学生，促进学生良好品质的养成。

在课堂教学中，怎样建立和谐的师生关系呢？首先，教师要转换角色，树立民主平等的师生观。教师要从知识的灌输者转换为学习的引导者，从课堂的主宰者转换为平等的交流者，从单向的传授者转换为互动的合作者，从呆板的经验者转换为教学的创新者。其次，学生要转变观念，树立民主平等的师生观。学生要转变教师是绝对权威的观念，要求教师尊重、信任和关心学生，公正地对待全班学生，拒绝容忍教师对学生的讽刺、挖苦。教师要让课堂成为一个温暖的家，在这里每一个学生都能得到理解和尊重、包容和关怀；要让课堂成为师生平等对话的平台，学生在这里可以知无不言，言无不尽。再次，教师要提高教学机智。师生作为课堂教学的主角，两者之间往往不可避免地存在着一些矛盾。这就要求教师要有较高的教学机智，具体表现为有敏锐、迅速、准确的判断能力，能及时对待和处理矛盾，主动协调人际关系。此外，教师要学会与学生合作。一方面，师生之间的合作体现了师生关系的民主平等——学生和教师都是教育教学活动中的参与者，学生不是被动接受知识的"容器"。另一方面，师生之间的合作关系也是培养学生的人际协作精神、创造能力和实现师生教学相长的要求。在与学生合作时，教师最重要的是要信任学生，相信学生一定会成功；要营造民主的气氛，让所有的人都能够畅所欲言，表达自己的心声，并无条件地、全身心地倾听对方的意见和感受；要引导双方进行沟通，真正理解彼此的立场和看法，在合作中形成共识和行动方案。

（二）建立和谐的同学关系

谈起构建和谐的课堂人际关系，大多数人往往只关注和谐师生关系的构建，而对和谐同学关系的建立不够重视。我们知道，在学生的成长过程中有各种影响因素，其中同龄人的影响极其重要。同学关系的质量对学生的学业成绩和身心健康具有深远的影响。融洽、和谐的同学关系对学生的学习和成长具有巨大的促进作用，是学生形成社交能力与情感的关键因素。反之，相互疏远和对立的同学关系只会成为强大的制约力，严重阻碍学生的学业和身心健康。因此，和谐课堂教学必须要建立和谐的同学关系。

在课堂教学中，可以从以下三个方面来建立和谐的同学关系。第一，教师要帮助学生克服自卑或自大的心理。有的学生由于家庭背景不好或学习成绩较差，产生一种自卑心理，很少与人交往，缩在群体之外。这类学生常常感到不安与烦躁，容易与他人对立，甚至产生敌意和对抗。而有的学生因家庭背景或学习成绩等方面的优势，自高自大，轻视那些某方面不如自己的同学，将他们排斥在自己的交际圈之外。这些对学生心理的健康发展和交往能力的培养都是极为不利的。教师应该密切地关注学生之间的交往情况，帮助自卑的学生树立信心，多为学生创设自我表现的机会，让学生发现他人的闪光点，学会虚心学习对方的优点，从而协调同学关系。第二，提倡合作学习和良性竞争。合作即双赢，通过同学间的交流与合作，能够取长补短、共同发展。在合作学习中，学生要尊重彼此的学习方式、彼此互相认同，既要充分发表自己的意见，也要耐心听取别人的意见，团结互助，由此营造良好的学习氛围，形成和谐的人际关系。在课堂教学中，教师既要让学生学会与其他同学合作，又要鼓励学生之间良性竞争。有竞争才有动力，有竞争才会前进。课堂里的良性竞争能增强学习的兴趣，提高成就动机和抱负水平，提高学习效率，使同学关系更融洽、更和谐。第三，倡导学生互评。学生互相评价作为课堂教学评价的一种有益的补充，是生生交往的重要形式之一。教师要借助小组合作活动的形式，组织学生进行互相评价，亦可采用制定相应的评价表格规范学生互评的方法，让学生通过互相评价，增进彼此的了解，从而协调同学关系。

三、创设和谐的课堂教学环境

一位著名的法国教育家曾说过："只有环境和教育，才能把牛顿变成科学家，把荷马变成诗人，把拉斐尔变成画家。"人生活在一定的环境中，一方面受环境的影响，另一方面又要善于适应环境，同时还要努力控制和改造环境，使之为自己服务。课堂教学活动也是如此，只有了解、适应、改造课堂教学环境，使课堂教学环境为教学工作服务，教学才能取得理想的效果，学生才能更自由、健康、和谐地发展。课堂教学是教育情景

中的人（教师与学生）与环境（教室及其中的设施、师生间的心理环境）

互动而构成的基本系统。因此，和谐的课堂教学环境包括和谐的课堂教

学物理环境和心理环境。

（一）创设和谐的课堂教学物理环境

良好的物质环境是进行教学的物质基础和基本保证，和谐的课堂教学

物理环境有助于良好课堂秩序的维系，有助于和谐心理环境的形成，有

助于教和学的协同共进。构建和谐的课堂教学环境首先需要建立良好的

学校环境，所以学校常选在风景秀丽、交通便利、远离噪音和空气污染

的地方。教室作为学生接受教育的主要场所，直接影响着课堂教学各种

活动。教室环境的布置和整洁程度不仅会对学生的身心健康产生相当的

影响，而且会对学生学习的态度与行为产生显著作用，进而影响课堂教

学效率和质量。因此，我们要以和谐为原则，对教室布局进行合理规划

与设计。教室的墙面以白色、淡蓝色或淡绿色为宜，可使教室显得素净

淡雅，令师生心境开阔。教室两侧的墙壁上可以挂名人画像、格言警句、

奖状锦旗、地图表格等，展现教育性、艺术性和思想性，给师生以美感

和启迪。教室要保证良好的通风，整齐的桌椅、漂亮的窗帘、明亮的灯光，

营造一种协调气氛，使人心情愉悦，从而提高学习效率，实现环境育人的效果。此外，和谐课堂教学要求师生互动，因此，教师应根据教学的需要和学生特点，结合不同座位排列方式的特点，灵活调整、组合座位，以利于师生互动和信息的多向交流。创设和谐的课堂教学物质环境还需要加大教育投入，改善办学条件，为教学提供充足、完善的教学设备，如电视、幻灯、录音设备、多媒体等。教师要熟练地使用这些教学设备，提高学生的学习兴趣和效率。

（二）创设和谐的课堂教学心理环境

课堂教学心理环境是指在课堂教学活动中，影响学生认知效率的师生心理互动环境。它虽然不直接参与教学活动，但却在很大程度上制约着课堂教学效果。它既可使课堂成为每个学生一心向往的殿堂，也可使课堂成为学生避之不及的地方。它还直接影响着教师水平的发挥和教学的效果。因此，不论采取什么教学方法和课堂教学模式，都要以和谐的课堂教学心理环境做保障。可见，创设和谐的课堂教学心理环境是构建和谐课堂教学的关键。

和谐的课堂教学心理环境是由各种因素共同构建的"心理场"。教师良好的心理素质是创设和谐课堂教学心理环境的首要条件，一个要塑造学生健康心灵的教师，自身首先要心理健康。在进行课堂教学时教师要有愉快的心情、稳定的情绪，要善于调控自己的情绪，避免把不良的情绪带到教学过程中去；要有一定机智，能恰当、迅速、果断地处理课堂上的突发情况。审视当前我国的课堂教学，我们会发现，教师仍然处于主动地位，大搞"一言堂""满堂灌"。试想，在这种压抑、恐惧、紧张的心理状态下，学生的个性能得到彰显吗？创造力能得到发挥吗？身心能得到和谐发展吗？大量事实证明，积极良好、和谐愉快的心理环境能使学生的大脑皮层兴奋，这种情况下学生往往思路开阔、思维敏捷、想象力丰富，学习效率从而得到提高。因此，教师要创设宽松、民主、和谐的课堂教学心理氛围，尽可能习惯"一个课堂，多种声音"，尊重学生的人格和学习方式，平等地对待每一位学生；要善用激励性的言语，对学生的缺点、错误持宽容态度，以发展的眼光看待每一位学生；要让学生知无不言，充分自由地彰显个性。此外，和谐课堂教学心理氛围的构建也必须考虑教学内容的选择，教学内容必须充分关注学生的需要和身心发展特征，要有创新性，这样才能激发学生的学习热情和兴趣，让学生形成良好的学习心态。

（三）协调课堂内外环境的关系

课堂教学是学校教育的主要形式，是学生获得身心发展的主要场所。但在培育人的过程中，除课堂教学外，家庭教育、校内社团活动、社会实践与交往等这些课堂外部环境对课堂教学质量有直接或间接的影响。它们与课堂教学有着密切的联系，会以各种途径、各种方式对课堂教学的实施产生不同程度的影响。如果这些课外环境与课堂教学环境是一致的，就会有助于课堂教学的开展。相反，如果课外环境与课堂教学环境不一致或相冲突，将不利于和谐课堂教学的构建。因此，我们要使学生得到全面、和谐、充分发展，就必须处理好课内环境与课外环境的关系，要充分协调和利用学校、家庭、社会中的有利因素，充分发挥其教育功能，使课堂内环境和课堂外环境和谐统一、形成合力，共同对学生进行教育。

四、建立和谐的"教"与"学"关系

课堂教学过程是教师与学生为完成教学任务而进行的交往互动过程，教师的"教"与学生的"学"是课堂教学最基本的两个要素，"教"与"学"的和谐是和谐课堂教学的基础与核心。教学冲突可以分为两类：有教无学和有学无教。有教无学是指在课堂教学中，教师在台上讲课，学生在台下窃窃私语，对教师的教全然不知，教学活动成为"只有教而无学"的状态。有学无教是指在课堂教学中，教师在台上教，学生在台下不按教师教的学，而是按自己的意愿有选择地进行学习，如看别的书或做别的作业等，从而形成了"有学而没有教"的状态。形成"有教无学"和"有学无教"现象的原因很复杂，既有教师的原因，也有学生的原因，包括教师的教学观念陈腐、新课程改革背景下教师角色的冲突、教师的综合素质和专业化水平不高、教师与学生之间缺乏理解与沟通、教学方法与教学手段不当、教学内容与学生兴趣不符、学生的自我意识过强、学生学习情绪低迷等。课堂教学中，"有教无学"和"有学无教"现象使"教"与"学"不能产生"谐振效应"，教学的节奏不符合学生发展的节奏，课堂教学质量得不到提高，学生也得不到全面、和谐、充分的发展。因此，笔者就如何建立和谐的教与学关系提出了几点建议。

（一）正确处理"教"与"学"的辩证关系

"教"与"学"是矛盾的两个方面，在课堂教学中，"教"与"学"既相互依存、相互制约，又相互渗透、相互包含、相互转化。学受教的启发，教受学的制约。教是学的前提和依据，学是教的结果和目的。教师的"教"

是外因，学生的"学"是内因，外因只有通过内因才能起作用。正确处理好教师的主导作用与学生的主体地位之间的关系，是实现"教"与"学"关系和谐的关键。在教学活动中，学生是"学"的主体，学生的主动性、积极性、创造性是学习的内因，激发学生学习热情，调动学生学习兴趣，鼓励学生主动参与是课堂教学环节中至关重要的问题。教师是"教"的主体，按照教育教学规律组织教学活动，对学生进行引导和启迪，促进学生在知识与技能、情感、态度与价值观等方面的发展。总之，教师的"教"是为了促进学生的"学"。在课堂教学中，教师的主导作用与学生的主体地位是不可分割的有机统一体，正确发挥教师的主导作用是充分调动学生学习主动性、积极性的前提，而充分发挥学生的主体性，又是充分发挥教师主导作用的重要表现。和谐课堂教学要求坚持"以学生为本"，就是要确立学生的主体地位。教师是学生学习的组织者、引导者和合作者，学生的"学"离不开教师的"教"，学生的主体地位是在教师引导下逐步确立起来的。教师主导作用的出发点必须是"学"，课堂教学所追求的结果也一定由"学"体现出来。因此，教师的主导作用必须从发挥学生的主体作用出发，只有这样，教师的主导作用与学生的主体地位才能统一起来，才能把学生的主动性、积极性调动起来。

（二）实现"教"与"学"诸方面的统一

"教"与"学"包括的方面很多，笔者仅就以下方面粗略地谈些看法。

第一，"教"与"学"的目标要统一。目标一般是指人们从事某项活动所要达到的预期结果。目标可以激发学习者的学习兴趣，端正行为动机及要求学习者要达到的目的或结果。教学目标就是指教学活动的预期结果所要达到的标准。教学目标是教学活动的出发点和最终归宿，对教学活动有指导作用、激励作用和标准化作用。在课堂教学中，教师要把自己的教学目标与学生的学习目标统一起来，师生产生共同的心理追求，相互激励和学习，为了一个共同的目标而努力奋斗。新课程标准提出了三维目标教学，三维即知识和技能，过程和方法，情感、态度和价值观。教师要把这一教学目标努力转化为学生的学习目标，让学生了解三维目标的含义和意义，这样既有利于学生的自我激励、自我调控和自我检验，也有利于教学目的的实现。第二，"教"与"学"的思维要统一。在课堂教学中，如果教师和学生的思维活动趋于同步，课堂教学就能收到较好的教学效果。教师应该充分了解学生的认知特点和认知水平，尝试着从学生的角度观察和思考问题，从学生的角度来设计问题。在课堂教学中，教师要创设问题情境，激发学生的求知欲。创设问题时应注意问题要小而具体，要新颖、有趣，有适当的难度，有启发性，让学生自己开动脑筋，经过思考，反复推敲，直到得出结论。这样就把教师的思维活动与学生的思维活动联系到一起，经过教师适时适当启发诱导，师生共同向一个方向思考，某些知识和解决问题的方法就由主导一方传授给了主体一方，教师"教"的过程就变成了学生"学"的过程，学生主体性得以体现，教学目标也能够顺利完成。第三，"教"与"学"的方法要统一。"教"与"学"是教学过程的辩证统一的两个方面，因此，教法与学法属于"同源之水"，是一个问题的两个角度——教法是从如何教的角度来研究的，学法是从怎样学的角度去探索的。教法的本身就包含着学法，渗透着学法指导。教师如果深入了解"学"的规律及影响学习的可变因素，并以此去指导学生的"学"，就会发现许多有效的教法。学习是学生自身的认知活动，学生只有采用了符合自己的认知水平和认知规律的学法，才能有效地促进自身知识和智能的发展。当学生掌握了终身学习的方法后，他才能学会认知、学会做事、学会共同生活和学会生存。因此，教师要树立"以学定教"的教学方法观。学是教的根据，教法要适应学法，教的规律要符合学的规律。教师的教法不能脱离学生的学法，应主动让自己的教学去适应学生，以学法定教法。

五、建立和谐的课堂教学评价体系

课堂教学评价是对课堂教学质量的综合评定，即以教学目标为依据，对课堂教学设计、施教过程及教学效果给予价值性的判断，以提供反馈信息，教师努力优化自己的教学过程，完成教学目标。建立和谐课堂教学评价体系是一项系统而复杂的工程。首先，要确定评价体系的主要维度。传统课堂教学评价只把目光放在教师的具体表现上，使得公开课成为教师的表演秀，忽视了学生的主体性和学生在课堂上的表现。和谐课堂教学特别强调突出学生的主体性，注重学生学习过程的参与性。因此，确定评价体系的主要维度为学生、教学过程和教师三个方面。其次，要确定一级指标体系。一级指标是指整个课堂教学评价的总体框架内容。可以从教学目标、教学过程、教学方法、教学媒体、教学活动的氛围、教师个人素质等方面去构建和谐课堂教学评价体系的框架。对教师要进行全面评价，不仅要对显性行为（教师在课堂教学中的具体表现）进行评价，而且要对隐性行为（如教师的职业道德、专业水平、人格力量等）进行评价。再次，要确定二级指标体系。二级指标是一级指标范围内容的详细规划，这是整个体系的重点。要以新课程理念为指导，遵循学科特有的教学规律，统筹考虑各方面的因素。最后，评价标准应该用清楚、简练、可测量的目标术语加以表述。

（一）评价目标多元化

新课程多元化的评价目标，至少应包括以下几个方面的功能：反映学生学习的成就和进步，激励学生学习；诊断学生在学习中存在的问题，及时调整教学过程；全面了解学生学习的历程，使学生主动参与学习；使学生形成积极的学习态度，帮助学生认识自我、树立信心。

（二）评价主体多元化

教学过程是师生、生生互动的多主体参与的过程，因此，在评价时要改变单一由教师评价学生的状况，让学生也参与评价过程。学生自评和学生互评，是实现评价主体多元化的方法之一。让学生参与评价过程与结果的分析，主要是为了让其通过自我评价提高自主意识、反思能力与学习积极性和主动性，从而更加有效地促进其发展。同时，学生自评和互评也是一种非常有效的学习方法，能够体现学生的主体性。

（三）评价内容多维度

传统教学评价的内容主要限于学生的学习成绩。和谐课堂教学评价要求从多维视角综合衡量学生的发展状况，不仅要关注学生的学业成绩，考查其"认识"或"概念"等认知层面内容，同时关注"表现"等行为层面，情感、态度、价值观等层面，创新意识和实践能力等能力层面，心理素质、学习兴趣等心理层面的考察。要尊重个体差异，注重对个体发展独特性的认可，并给予积极评价；发现和发展学生多方面的潜能，了解学生发展中的需求，帮助学生悦纳自己，拥有自信。

（四）评价方法多样化

应针对不同学段学生的特点，选择恰当的评价方法。对学生知识技能掌握情况的评价，应将量化评价和质性评价相结合；情感与态度方面的评价则主要对教学过程中学生的参与和投入等方面进行考察。考试固然是一种有效的评价方式，但应根据考试的目的、性质和对象，选择不同的考试方法，如辩论、产品制作、论文撰写等。不再将考试作为唯一的评价手段，重视和采用行为观察、情景测验、成长记录档案袋等质性评价方法，要将诊断性评价、形成性评价和终结性评价有机结合。只有通过这些评价方法的结合，才能准确、公正地评价一个学生，保证评价结果的信度和效用。

第五章　生态化视角下的大学语文教学

第一节　大学语文教育的生态学特征

生态系统理念和动态平衡理念是生态哲学的基本理念，生态圈理论、全面和谐发展理论、可持续发展理论是生态哲学的三个基本理论，整体观、和谐观和发展观是生态哲学的三个基本观点。从这些理论基础出发，本研究认为大学语文教育作为复合生态系统有以下特征。

一、大学语文教育的整体有序性

生态系统的整体性观点是生态哲学的基本观点。大卫·格里芬的有机整体论指出，世界是一个网络，生态系统的整体性主要表现在和谐、有序及动态上。大学语文教育生态系统也有和谐、有序和流动的特点。大学语文教育受到社会、文化、经济的影响，彼此适应，互相统一。大学语文教育内部的各个生态因子——教师、学生、教材、教学法也是互相联系，彼此作用的。在大学语文教育的系统内部，还有多个子系统，这些子系统有自己的位置和秩序，不管是生态因子还是子系统都处在不断动态变化中。这种和谐、有序和动态共同构成了大学语文教育生态的整体性特征。

二、大学语文教育的普遍关联性

德国生态哲学家汉斯·萨克塞指出，生态哲学的根本任务就是告诉人们用广泛关联的整体观点看问题。生态学的前提是自然界所有的东西联系在一起。美国生态学家巴里·康芒纳在《封闭的循环》中指出，每一种事物都与别的事物相关。生态系统的每一个环节都不是孤立存在的，必然与其他的环节相互关联，牵一发则动全身。因而，大学语文教育生态系统内部的每一个生态因子都是普遍联系、相互作用的，不可割裂来看。每个生态因子的变化，都不可避免会引起其他因子的变化，因此各因子之间需要约束共生，协调发展。

同时，生态因子与外部环境之间也是有联系的，大学语文教育与自然环境、社会文化、科学发展等因素都是有着密切关系的，绝不能单单从语文的视角来看语文的问题和出路，必须结合起来研究。了解这一点，对我们全面把握大学语文教育的问题，建构优化的实施策略有着重要意义。

三、大学语文教育的过程共生性

大学语文教育生态系统具有协调共生的特性，而且这种共生是在系统中的生态因子互动的过程中产生的，包括系统内部的教育主体之间、教育主体与教育环境之间，以及大学语文教育生态系统与其他学科教育生态系统之间的共生和竞争。这种共生和竞争都是不断运动变化的，一切都在过程中。

从这个意义上说，大学语文教育的生态因子之间是平等的，生态因子之间、生态子系统之间是可以正当、合理、良性竞争的，只有协调共生才能促进大学语文教育的全面、健康、可持续发展。

第二节 大学语文教育的生态课程定位

课程是一种微观教育生态，构成这种微观生态系统的生态因子有课程目标、教师、学生、教学内容以及教学方法等，因子之间平等和谐、互动共生。语文生态课程追求回归自然、崇尚自主、整体和谐、交往互动、开放生成和可持续发展，是学生学习、成长和完善生命发展、提升生命质量的平台，同时也是教师专业发展、走向成熟的舞台。

一、确立多维目标

生态课程观要求课程的最终目标是使学生能够与自然、社会和谐共处，并从中汲取力量、获得智慧，进而使身心得到和谐发展。这种发展是系统全面的，不能简单理解为提高语文表达能力或人文素养。语文课程的功能是综合性的，不仅是通过知识学习提升大学生人文素养，而且与德育、体育、美育相互促进，共同完成促进学生全面发展教育的任务。因此，语文教育作为一种素质教育，应具有更强的多维综合性，要坚持发挥大学语文教育对学生语言修养、文学修养、文化素养、人格品质、思维创新等方面的多种教育功能。

这些目标看似复杂多样，但其内在是辩证统一的，在教学活动中是无法完全分开单独存在的。教师需要在课程设置和实施过程中，在不同的阶段，根据不同学生的特点，通过不同的教学资源去实现。

二、融合多元文化

生态课程观要求把课程看作一个开放的系统，这种开放性决定了语文课程必须有多元文化的融合。

1. 大学语文教育从古至今都与各种文化交融

我国的大学语文教育历史十分久远，且一直与经学、文学、史学、哲学、伦理学等融合在一起。天文、地理、历史等都是以母语文本的形式，在古代教育中发挥着作用。而在现代，大学语文教育就是生活教育，生活中的所有文化都是大学语文教育的内容范畴。因此，也可以说大学语文教育内容的丰富性本身就体现着多种文化。语文课程从内容上也应该是多种文化的体现，注重多元文化的彼此交融。

2. 语文是通识教育的重要部分

在现代社会，跨学科的复合型人才备受欢迎。全世界都越来越重视对大学生实施通才教育，而语文课正是其中必不可少的重要一环。从教育性质和功能上来说，语文学科也需要有意识地去融合其他学科的文化内涵，并有机结合到语文教学中来。

三、凸显民族精神

在人类的初等、中等和高等教育的三级教育中，高等教育主要侧重发展人的精神品质，如自主精神、审美精神、信仰精神，并不断指向自由。

这不仅是人的发展规律所决定的，也是日益发达的现代社会对高等教育提出的根本要求。

在经济全球化的大背景下，全世界几乎所有的国家都在自然科学与人文科学等方面进行着激烈的碰撞和交流。这种碰撞交流是开放性的体现，但同时我们也不得不警惕，要保持民族文化的独立性和完整性。

作为高等教育和母语教育，大学语文教学必须担负彰显民族文化、凸显民族精神的使命。这就需要我们注意挖掘民族文化的精华，有意识地让学生认识、理解中华民族的优秀文化，并注重文学作品强烈的形象性、艺术感染力以及人格和道德的感召力，以此引导学生产生民族认同感和自豪感，从而继续发扬数千年历史沉淀下来的民族精神。

第三节　大学语文教育的生态化教学实施与评价

生态学视域下的语文课程，本质上是一种教育生态的微观系统，所以说教学是一个系统的过程，这个系统的每个生态因子，例如教育者、受教育者和课程资源、课程环境等，都对教学效果起到至关重要的作用，需要用整体观、和谐观和系统观的视角去看待。这种整体和谐系统观指导下的教学设计，必然有多个环节，且每个环节互相联系，协同运作，缺一不可，以实现系统的稳定和谐平衡。

一、生态化教学过程实施

为达到最终目标，在教学中要采用有效的教学策略。例如在利用网络进行教学时，由于网上信息纷繁复杂、良莠不齐。语文教师如果不事先设计好教学前的活动、信息呈现方式，不引导学生正确选择和辨别网络信息，反而会阻碍教学进程。因此，这里提出两个策略：全媒体教学和交互式学习。

（一）全媒体教学策略

1. 采用多媒体技术辅助语文教学

互联网时代已经到来，多媒体技术有利于现代化教学，这点已经得到了教育界的普遍认同和重视。不管是在基础教育领域还是高等教育领域，多媒体融合多种形式和技术，实现更为优良的表现力、交互性和共享性，在教学中已经占有一席之地。在语文教学中，多媒体技术使教学内容相互贯通，激发了学生强烈的参与意识，对教学发展有积极的促进作用。

2. 开发各类媒体中的语文教学资源

目前，微信、微博等自媒体盛行，各种新闻客户端、网络文学网站、直播平台也受到大学生的欢迎。网络生活已经成为大学生日常生活的重要组成部分，且有愈演愈烈的趋势。生活中不可避免要接触到这些新鲜的网络元素。存在即合理，语文作为母语教育是必然要跟时代息息相关的，回避并不能阻挡媒体的发展，反而会失去对大学生进行有效引导和规范的机会。同时事实也证明，在这些鲜活的媒体资源中，必然有一些值得挖掘的精品，符合主流价值观，语言优美，表达流畅，且具有审美价值和人文精神。这需要教师和教材编写者摒弃偏见，深入生活，对媒体信息给予足够的关注。

3. 高度重视师生的媒介素养提升

面对各种媒介信息时的选择能力、理解能力、质疑能力、评估能力、创造和生产能力以及思辨的反应能力，就是媒介素养。媒介素养分两个层次：一个是公众对于媒介的认识和关于媒介的知识；另一个是传媒工作者对自己职业的认识和职业精神。现代社会的每一个成员都既是受众，也可能是传播者。跟媒介发展日新月异不匹配的是，目前我国的媒介素养教育意识和水平都还不高。大学生日益成为网民中坚力量，媒介素养缺失成为教育中最多需求也最急迫的环节。作为媒介的主要语言，语文与媒介天生就紧密相连，因此大学语文教育必须重视与媒介素养教育的融合，互相促进，共同发展。在此需要强调的是，语文教师必须首先提高自身的媒介素养，才能带动学生在纷繁复杂的各类信息中寻找、选择、理解有益的部分，并有意识带领学生一起创造和生产高质量的媒介信息。目前我国的媒介素养教育不成系统，师生能接受媒介素养教育的机会和平台并不多，这需要教育部门和大学都加强这方面的意识，开设相关课程，对教师做一定的系统培训。

（二）"体验—提炼—实践"交互式学习策略

教育生态理念认为，教学是一个动态的过程，这个过程中因为教学资源的不同、教学目标的不同和教学主体的特点而呈现出千差万别的状态。但总体来说，语文的学习过程可以总结为"体验—提炼—实践"这个动态的体系。

1.生态学习过程的体验

体验是指各种教学资源的开发利用环节以师生的体验为主要方式。打破"教师向学生讲授真理"的传统教学观点，倡导学生直接去接触和认识教学资源，获取第一手的感性信息。传统教学法中先讲知识点然后举例说明的方式，影响和干扰了学生的自我感性认知，学习成了一种证明过程，而非启发过程。建构主义教学理论认为只有当学习者与外界环境主动地进行交流和联系时，才会出现真正意义上的学习，强调学生的主动学习意向。

目前看来，各种形式的阅读仍然是教学过程中师生体验最方便也最有益的途径。具有社会审美意识的、凝聚着作家生活体验的、蕴涵丰富情感交流的文本，在思想启迪、文学修养、审美熏陶、写作表达等多方面发挥着综合作用。

体验的过程使学生的学习不再是静态被动地接受各种孤立事实。这要求教师在教学资源的选择方面注意丰富性、真实性和经典性，通过丰富多元的、与学生有共鸣的、具有一定代表性的优秀文本让学生从中体验，主动学习。

2.生态学习过程的提炼

学生在介入文本，形成附有自身独特印记的作品后，需要评价和总结，提炼出相应的语文知识、情感或技能。提炼的基础是评价，学生需要对教学资源进行自发自觉的分析和判断。评价并不一定是完全正确的，因此还需要互相交流和比较，在讨论和探究中去检视。在学生交流评价过程中，教师应该引导学生敢于怀疑，不人云亦云，更不能带有强烈倾向性和暗示性。只有敢于怀疑，才能催生出创新思维，因此教师必须把握度，不能参与过多，扼杀了学生的创造力。

经过对彼此评价的充分讨论，学生能够清晰明确理解语文信息之后，教师还需要带领学生一起总结归纳，找出规律，使资源中的语文元素知识化、系统化、理论化，使学生领悟到语文学习的特点和规律，为今后的终身自主学习奠定基础。

3. 生态学习过程的实践

任何教育都是需要实践的，语文也是如此。语文来自生活，也必须在生活中加以应用和检验，并创造出更多的语文资源供体验。作为一种母语学习，将语文理论用于实践其实是每时每刻都在进行的。但这里强调的是，在实践过程中需要有明确的倾向性和超越性。语文课程中学到的语言规律、文学常识、审美方式等，教师都应该引导和要求学生有意识地在日常阅读写作、交往表达中去应用，并不断尝试创新。

目前，最直接的实践是课程考核，也就是考试。传统意义上考试虽然能有针对性地检验学生对语文知识的学习效果，但对于学生的综合语文能力、语感、创作能力的评估还是比较有限。因此，考核方式的多样化和科学化值得深入研究。

语文对个体的学习过程来说，理论上就应该是一个"体验—提炼—实践"的单向流程，但同时整个学生群体的学习过程，又是一个无限循环的闭合过程，实践为教学提供了源源不断的资源，才能有文本可以体验。把握了这个动态的过程，有利于语文课堂的生态化，从而促进大学语文教育的生态平衡。

二、生态化教学评价体系

生态课程的评价对象不应仅仅是学生的学习效果，还应有教师的教学效果。一般来说，教学评价包括对教学过程中教师、学生、教学内容、教学方法手段、教学环境、教学管理诸因素的评价，但主要是对学生学习效果的评价和教师教学工作过程的评价。评价的方法主要有量化评价和质性评价。在教育生态理念的指导下，语文需要构建一种开放、多元和重过程的教育评价体系。

1. 教育评价内容开放性

不论是对教师还是对学生的评价都应该考虑多种因素，体现开放性。例如，对教师教学的评估应该从教学理念、教学资源、教学过程、教学方法和教学效果等多种角度去评估，同时要考虑教学环境、教学管理、学生互动等多个方面的因素。简单以学生网上评教为主的现行语文教师教学评价，远远不能满足评估的要求，更无法全面反映教师的真实教学状态。因此，要求我们在教学评价中用生态系统观和普遍联系的观点去综合考量，而不仅仅从师生关系出发。

同样，对学生学习效果的评价，目前多数采用平时成绩加期末成绩的方式，有的是四六分，有的是三七开。期末成绩又有两种方式：考试与考查。考试多为闭卷，考查多为开卷。这种评价方式忽视了与学生学习有关的其他因素，孤立静态地看待学生的学习效果，无法达到以考核促进学习的目的。这就要求我们在考核方式上更加丰富，从学生参与学习的主动性、创造性、全面性等多个方面设置考核方式和指标。

2.教育评价主体多元化

大学语文教育的主体不仅仅是学生，还包括语文教师、父母亲人、朋友同学、其他学科的教师等。在对教师的教学评价和学生的学习评价中，应该根据实际情况，适当加入其他学科教师、教学管理者、学生家人等多个主体，通过不同主体的权重分布，吸收和接纳他们对教学效果的评价。

3.教育评价方式注重过程性

教育评价的方式多种多样。对于语文课程来说，课程是一个动态的过程，因此，对语文的评价也应该以过程作为主要指标范畴。

语文课堂评价的作用在于指导语文教学更有效进行，而不是区分教师和学生的优劣和简单地判断答案的对错。因此，现在普遍运用的以考试成绩或者论文等级来评定学生学习效果，以学生评教分数评定教师教学效果的评价方式，很明显不能发挥评价的指导性作用。要促进教师和学生的发展，就不能只对学生的学习情况和教师的教学情况做简单的好坏之分，而在于强调其形成性作用，注重其发展功能。课堂观察是行之有效的过程评价方式，需要定量与定性相结合，设计出科学有效的量表。

评价不仅是对一段教学活动的总结，更是下一段教学活动的起点、方向和动力。语文的教育评价更需要在过程中关注问题，加大课程观察的比重，将评价和指导相结合。同时，要注意把评价的结果进行分类分析，反过来放在教学过程中去思考，对今后的教学提出有针对性和实操性的改进意见。当然，对过程的关注就必然要求在评价中注重师生的个体差异性，因人而异，因时而异，因课而异。

第六章　翻转课堂与深度学习视角下的大学语文教学

第一节　翻转课堂教学模式及其优势

所谓"翻转课堂"，是一种创新的教学模式，是"互联网＋"在教育领域的最直观反映，是指在信息化环境下，教师提供以视频为主要形式的学习资源，学生借助电脑、智能手机等工具，在课前通过自主观看教学视频及其他学习材料等完成课前学习任务，在课堂上由师生一起交流讨论、协作探究等活动完成作业和答疑等任务的一种新型的教学模式。

一、翻转课堂教学模式的发展

这种教学模式虽于 19 世纪早期就已在美国出现，但真正意义的"翻转课堂"起源于美国科罗拉多州林地公园高中，这是一所普通的山区学校。经过几年的实践，该中学的两位化学老师乔纳森·伯尔和亚伦·萨姆于 2007 年出版了《翻转课堂：在每一节课都接触每一个学生》，详细介绍了实施翻转课堂的具体做法，以及实施翻转课堂所取得的成效。萨尔曼·汗在他创立的可汗学院进行大力推广和应用，成效显著；后又经可汗学院公开课在互联网上的广泛传播，翻转课堂随即被全世界众多教育工作者熟知，并由此展开了相关研究和实践，一举成为全球教育界十分关注的教学模式。

在我国，从 2011 年下半年开始，重庆、上海、广州等城市的一些中小学校相继开展了翻转课堂的教学研究与实践，但是由于处于探索阶段，相关的成果资料并不多。从 2012 年起，我国各中小学对翻转课堂的研究和实践逐渐增多，主要集中在对翻转课堂的教学理念、设计模式的研究，以及基于翻转课堂理念的具体实践。尽管角度不同，但多聚焦在具体学科应用上，如《透视翻转课堂》（张跃国，张渝江，2012）、《十大"翻转课堂"精彩案例》（杨刚，杨文正，陈立，2012）、《翻转课堂优化中职课堂教学探析》（王彩霞，刘光然，2013）、《试论大学英语"翻转课堂"模式》（范秀丽，2013）、《利用翻转课堂促进英语专业语法教学》（刘燕妮，2013）等，都是在探讨翻转课堂在具体学科中的应用。

随着翻转课堂的研究迅速增多，其研究人员有来自各级学校的一线教师、技术人员等，翻转课堂研究已得到教育界不同层次人员的广泛关注。之后，研究成果一直呈上升趋势，研究主题涉及以下内容：基本理论、师生角色、学习资源、学习环境、教学应用、研究综述与反思，等等。

同时，研究者结合我国教育实践及自身教学和研究经验提出了本土化的翻转课堂教学模式。如重庆聚奎中学的教师根据自己的教学实践总结出了"课前四步"和"课中五环节"的翻转课堂教学模式，南京大学的张金磊则为我们展示了将游戏化学习理念与翻转课堂相结合的新模式，并在《游戏化学习理念在翻转课堂教学中的应用研究》中通过教学案例证明了这种教学模式的有效性。这些教学模式的构建和设计虽然不一定适合每个学科，但为翻转课堂的研究打开了一扇新窗，为后来的研究者提供了新的思路。

随着翻转课堂教学实践的不断深入，相关研究也在日渐深入，数量增多，其中主要以教学应用研究为主。从整体来看，我国的翻转课堂研究从数量上呈现明显的上升趋势，但从质量上看都还不够深入和具体，且多集中在中小学课堂教学的探讨上，涉及大学教学的应用研究主要集中于大学英语、计算机基础、现代教育技术等课程，以可行性分析、模式构建为主，实证研究较少。付小倩等认为，翻转课堂对中国教育产生了巨大冲击，但受教师素养欠缺、学生参与度不佳、实施的支持条件不完善等多种因素的制约，并未完全彰显出其应有价值。中国教育教学改革欲借助翻转课堂实现真正转型，仍需要提升教师的个人素养，为学生提供多角度、多层次、全方位的支持服务；激发学生的深度学习热情，促使其向"最近发展区"跨越；采用多种方法改善软硬件设施，为翻转课堂的实施提供更深层次，更持久的支持。祝智庭等则认为，翻转课堂实践的教学流程逆序创新已成为国内外教育信息化热点。教学流程的逆序创新带来的是知识传授的提前与知识内化的变化，其实践的本质是帮助学生深度学习，聚焦问题解决，培养高阶思维能力。有学者通过结合课堂教学主结构分析发现，翻转课堂实现了教学流程的颠覆，师生角色转变，最终指向学生思维品质的提升。他们反思国内实践现状，发现课前学生的学习质量、课内知识内化、高阶思维能力的培养、教师的知识储备等均成为实践面临的难题，这些都说明翻转课堂的顺利实施还有赖于一系列准备。

二、翻转课堂教学模式的优势

相比传统课堂，翻转课堂教学模式主要有三大优势。一是有利于个性化学习，方便教师因材施教。在一个班级中，学生的学习能力和成绩往往具有中间高、两头低的特点，即呈现出数学上的正态分布特点。这就需要教师因材施教，根据学生的差异和需求提供有针对性的辅导和帮助，掌握学生的学习情况，根据课堂上学生的表现调整教学进度和难度。传统课堂的教学模式无法根据每个学生的兴趣、学习能力和内容掌握情况而达到上述要求。在传统课堂中，教师的授课内容面向班级所有学生，难度、进度也是根据班级中大部分学生的平均水平来设定的，很少注意分布两头的学生。这样在课堂上就容易导致成绩好的学生很难获得知识的"拔高"，这部分学生的需求无法得到满足，而成绩差的学生会因内容难度大而失去信心中途放弃。翻转课堂的实施首先会给学生提供丰富的教学资源和学习资源，学习能力强、成绩好的学生可以根据自己的学习情况，利用这些资源在课下多学，满足个性化学习需要；学生在自学中遇到问题，教师通过课堂上的讨论、答疑和探究活动来帮助学生解决，有助于调动学生学习的积极性，提高学生自主学习、独立思考的主动性和解决实际问题的能力。二是能够促进学生的自我完善与全面发展。翻转课堂与传统教学模式不同，打破了以教师为中心，教师讲、学生听这一传统教学模式的格局，课堂上以教师和学生的互动为主，通过以学生为中心的教学设计，教师和学生之间由单向的信息传递到双向的交流互动，可以充分调动学生的积极性，促进学生的全面发展。三是教学评价方式的多元化，能及时改进教学活动。有效的、科学的评价能引导、促进学生的学习。

对学生学习的评价不仅要关注其学习效果，还要关注其学习过程，从而使教学过程成为一个在教师的引导下学生自主探索和合作交流的过程，让学生在探索中形成自己的理解，在交流中完善自己的想法。但传统教学模式采用单一的评价方式，总结性评价多，很难全面反映学生的学习状况和存在的问题。翻转课堂的评价方式是多元化的，包括平时作业、阶段测试、讨论互动情况以及学习中发现和解决问题的能力等，能全面、综合地评价学生的学习情况，个性化地发现学生学习中存在的问题，从而及时给予学生必要的指导，提高学生学习的有效性，达到全面发展的目的，同时也促使教师不断改进自己的教学工作。

第二节　翻转课堂对大学语文深度学习的支持

尽管我们不一定能在短时间内创造出一套行之有效的"少教多学"的教学方法，但信息技术的发展确实引起了学习内容、学习方式、教学手段以及师生关系的变化，迫切需要思考适应新时代、符合学生身心特点的教学方法、教学模式。伴随着信息技术与学科教学融合的不断深入，翻转课堂这一新的教学模式将原本作为课堂重要组成部分的知识传递置于课外，教师课前可为引导学生学习而精心设计并制作课前微视频，提供多种教学资源；学生可以多向选择，自主学习，学生在课堂上与老师同学互动交流、合作探究，完成作业练习，将课堂中这一互动过程变为知识内化过程，课后进一步消化，最终达到深度学习的效果。

一、翻转课堂使学生由被动学习变为主动学习

众所周知，在传统的师生关系中，教师是知识的传授者，是传统教学模式中的主角，学生只是知识的被动接受者。知识的传授通过教师在课堂中进行，而知识的内化，即作业训练则放在课后由学生独立完成，评价方式则主要是期末的终结性考试。而在翻转课堂中，教师主要是教学活动的指导者，学生则是教学中的主角，是知识的主动探究者，知识的传授在课前完成，知识的内化则在课堂中由教师和学生一起共同完成。

我们十分熟悉传统教学模式流程，它是一个从知识传授到知识内化的两阶段模式。课堂主要就是知识传授，教师充当知识的传递者，把预设好的知识如数传授给学生，以完成教师的职责与任务，即教学流程第一个阶段的完成。而第二个阶段知识内化，主要是由学生课后自行独立完成。这样的教学，课堂完全由教师支配，教师是主角，是主讲，学生是受众，

认真听老师讲课是好学生，其心思专注于听和记，至于为什么和怎么做，在忙于听讲、忙于笔记的课堂中是无法解决的，需待课后回顾和消化。

在社会发展相对缓慢、知识来源相对单一、信息需要索取而非选择发布的、知识具有权威性而无须个人甄别只需接受的时代，以"传递"实现知识的"灌输"或"平移"，足以满足学生的学习需求和学习欲望。但随着信息时代的来临，知识的获取途径多种多样，每一个人都可能成为信息的发布者，每一个人也都面临着要对海量信息进行判断和筛选，若教学仍继续传统的教师一味地"灌输"的方式，局限于课堂进行知识传授，而忽视学生的主动性、积极性和参与性，不仅难以为继，还将直接影响学生的学习兴趣与学习效果。

特别是语文这类人文性基础课程的教学，主要目标不仅要帮助学生承继人类已有的文化成果，更为重要的是要让学生切身感受人类的认识过程及在这个过程中所产生的文化精华，培养学生正确的世界观、人生观、价值观，使其成为有丰富情感、有高尚情操、有使命意识、有担当精神的社会主义事业建设者和接班人。因此，对学生而言，知识的内化比知识的机械记忆更有价值。

但内化更需要教师的引导和情境的推动，需要在同学的交流互动中获得帮助和启迪。然而在传统的教学模式中，内化往往只能在课下独立进行，这样，学生内化难以真正实现，学生更无法将所学新知识嵌入原有的认知结构中，久而久之，易使学生继续学习的动机得不到有效激发，从而降低以致丧失继续学习的兴趣。而翻转课堂具有转变学生学习态度，提升学习能动性的优势，它的产生和推广，不仅意味着教学手段的信息化、网络化，以及传统"教"与"学"两个环节的时空互换，更意味着学生从"接受性学习""被动接受"到"研究性学习""主动探究"的深层次转变。教师由知识的传播者、课堂的管理者变为学习的促进者与引领者，学生是主动的研究者。学生由知识的被动接受转为主动探究，利用课外时间，通过学习教学视频和其他开放资源完成新知识的主动建构，并找出重难点和困惑点。教师无须在课堂上再耗费大量的时间去讲授陈旧的知识，而是展示相关问题的发生背景、演化脉络以及相互间的关系，促使学生进行自我总结和科学归纳。学生之间可以针对遇到的疑难和思想上的困惑进行交流和讨论，然后教师再进行适当的引导、启发、点拨，在学生回答的基础上予以补充或者延伸，由此使学生完成更高层次的知识内化。

二、翻转课堂使学习过程由固定预设变为弹性预设

传统大学语文课堂教学，教师在课前就已做好了充分的教案，课堂上教师和学生都是按照教案设定好的步骤按部就班地走，何时讲授、何时朗读、何时提问等都在课前做好了预设。

翻转课堂则是借助信息技术之力，重构教学流程，改变教学结构，凸显先学后教、以学定教，将课堂教学改革推向引导学生自主学习、学会学习的一种新型教学模式。它不仅研究教师如何"教"，更注重研究学生如何"学"，不只注重传授知识，更注重创新能力的培养，让学生掌控学习过程。不只是老师讲、学生听，而是在交互中解决问题、实现主动建构的过程，是对知识的理解、运用的过程。翻转课堂对教师的教学设计提出了新要求，要将教学过程设计成非单线形式，要具有弹性，整个教学过程要自然展开。要选择适当的教学内容和任务，以适应学生学习的个性化需求，把学生的学习与信息技术相融合，拓展个人学习空间，在获取知识的同时发现问题、提出问题，继而在解决问题的过程中收集信息、获得知识、交流经验、批判反思。在整个教学过程中，教师要把

课堂的生成性摆在突出位置，因势利导启发学生思维，灵活处理各种问题，提高学生学习的主动性和思维的创新性。

第三节　大学语文深度学习对翻转课堂的依赖

深度学习强调的是学生在知识的学习与技能的获得过程中，通过对知识进行深度加工和体验，提高学生的学习能力，促进学生全面发展，让学生的个性在整体和谐发展的基础上，实现多元发展、充分发展，最终实现全面发展。要促成深度学习的实现，就必须有与之相适应的教学模式支撑，必须探索有效教学策略与方法，使课堂教学"能够帮助和鼓励学生进行深刻而卓有成效的学习"。大学语文教学要在丰富学生的语文知识的基础上，引导学生超越表层的知识符号学习和一般性的理解，努力挖掘文本所要表达的丰富内涵，进入语文知识的内在逻辑和意义深处，实现大学语文教学对学生的发展性价值，从而使学生在获得语文知识的同时，提升逻辑思维能力，构建理想人格，以便更好地适应未来的发展。但传统的大学语文课堂教学往往停留在表层的知识符号教学，要实现以上语文深度学习的目标，则需要思考、重构课堂实践。翻转课堂的应用及推广，为此提供了契机。

一、深度学习有赖于翻转课堂基于问题的教学

翻转课堂中的"课堂"是指传统的课堂，而"翻转"就是转变，从教师"灌输式"的"教"转换成在教师引导下学生探究地"问"，积极地"思"，主动地"学"。在整个教学过程中，教师都是引导者、鼓励者，甚至是交流者，要以导师的身份鼓励学生发现问题并主动解决问题，积极获取知识并加以内化。课前，学生要以学习教材与观看视频相结合的方式自学。这些视频资源的共同特点是短小精悍，短则几分钟，长也就十几分钟，每一个视频都聚焦于一个特定的问题。课堂上，再将自学中遇到的困惑点或疑难点，通过小组讨论或教师、同学一起讨论来解决。教师也可以就相关问题的形成背景、发展脉络以及相互关系发表自己的意见和看法，并鼓励学生就自己在课前自学中的所思所想，在和同学交流讨论的基础上进行分类整理和归纳。对一些普遍存疑、难度较大、争论颇多的问题，则要进行广泛讨论，教师再进行适当的点拨或补充。这种基于问题的教学模式是以问题的发现、提出、解决为基础来展开课堂教学活动的。通过问题情境的创设，激发学生主动学习的欲望和兴趣，引导学生在自主探究中分析，在合作交流中拓展，探寻解决问题的途径和方法，以达成学习目标。

二、深度学习有赖于翻转课堂启发式教学方式

孔子曾曰"不愤不启，不悱不发"，意思是如不是经过苦思冥想而不得其解时，就不要去开导他；如不是经过思考并有所感悟，却又表达不出来时，就不要去启发他。继孔子后，《学记》中提出"道而弗牵，强而弗抑，开而弗达"，指明教师教学主要是引导学生学习，而不是由教师牵着走；教师要严格要求学生，但不能使他们在学习过程中感到压抑；教师要尽力在学习开始时启发学生思考，而不是直接把最终结果教给他们，这是我国启发式教学的萌芽和发展。在学生主动进行思考时，教师应根据学生的状态和需求进行诱导、启发，帮助学生深入理解知识，明确思维方向，从而达到举一反三的目的。作为信息技术与学习理论深度融合的翻转课堂，与传统课堂最大的不同在于，翻转课堂是引导学生去发现而不是简单地让学生接受，是教师依据教学目标，由浅入深、由近及远、由表及里、由易到难地逐步引导学生自己发现问题、自己寻找材料、自己得出答案，以提高他们的认知和思维能力。

第四节　大学语文翻转课堂设计

大学语文改革几乎沿袭了中学语文的教学方法与模式，意图通过这样的方式调动学生的学习兴趣和学习积极性、主动性，以实现大学语文的教学目标。如何让学生批判性地接受新知识，将经过质疑、批判、深入理解而获得的新知识融入自己已有的认知结构之中，将其迁移到新的情境中，通过新的探究来提升学习层次，强化学习能力并生成新的能力，翻转课堂教学模式应该能够大显身手。这一模式的应用，对语文教学改革和实现语文深度学习的作用是值得期待的。但要真正实现其愿景，就必须在教学内容、课程资源、评价机制方面做好精心设计并认真实践。

一、大学语文课程教学内容的重构

课程内容的科学建构直接影响到学科教什么学什么，科学的、明晰的、体系化的课程内容，是实现有目的地"学"、有计划地"教"的根本保障，也是做到"少教多学""精教深学"的基础和前提。大学语文课程教学活动如何在深度学习理念下，实现真正意义上的翻转？首先是对教学内容的重构。在我国，目前多在中小学运用翻转课堂，且实践经验还不够丰富，在高等教育中的应用尚属个例。而无论采用什么教学方法和教学手段，教学内容始终是课堂的核心；科学的课程教学内容是课程教学策略、模式和方法选择的基础，因此构建多层次、多元化、多体系的大学语文课程内容是实施翻转课堂教学和深度学习的基础。

大学语文面对的是浩如烟海的人类精神文明的成果，大学语文课程的教学内容就是要从这个浩瀚的宝库中撷取最为经典的作品，通过这些作品来陶冶其人格情操，提升其思想境界，增强其语言能力，促使他们将古今中外文学典籍中蕴含的人文精神和审美价值内化为个人的优秀品质，使他们能够自由、和谐、全面地发展，能够树立强烈的民族文化自信，成为中华民族精神和优秀文化的传承者和创新者。

无限的教学内容与有限的授课时间的矛盾是语文教学要面对的难题，如何通过有限的教学时间实现教学效果的最优化，是每一位教师应该思考的问题。而对大学语文而言，这个问题突出体现在教学内容太过庞大上。大学生虽然已有较长时间的语文学习经历，但大学阶段的语文与中小学阶段的语文应该有所差别：中小学语文教学重在培养孩子们基本的听说读写能力，强调的是工具性和无法回避的应试能力，而大学阶段的语文学习不再是为了考试、升学而学。大学语文教学重在传承优秀传统文化、培养人文素质以及培育适应现代社会需要的健全人格。大学语文要实现这一教学目标，就必须遴选人类文化宝库中能传导价值的经典作品，通过教师的引导，让学生在自身体验中得到情感熏陶和思想启迪。大学语文"抛砖引玉"，学生在美的熏陶和感染下，自觉养成阅读与思考的习惯，主动地亲近文学文化经典。由此可见，大学语文教学不能局限于课堂教学，也应该在课堂之外进行持续的、不断发展的教学行为。从某种意义上说，大学语文教学主要是一种观念教育，而教学效果的最终实现，则需要较长时间，需要一个在课堂之外延续的过程。

大学语文教学内容繁多，并非要把教材中的所有内容都采用"翻转"的形式去呈现，而且要通过翻转课堂这种教学模式实现深度学习，这是一个长期的系统工程。要使这个长期的系统工程得以实现，教师首先要有一个宏观的部署，从整体上把握教材内容，做出精心选择，合理整合教材内容。

根据大学语文的多维教学目标，可将教学内容分解为"提高人文素养"与"提升语言能力"两个方面。然"冰冻三尺，非一日之寒"，人文素养的提升需要日积月累、久久为功。众所周知，人文素养的提升是以人文知识的获取为基础和前提的，而文、史、哲又构成人文知识的主要来源。从浩如烟海的文学作品中精挑细选出经典名著与名篇作为大学语文的教学内容，恰恰可以为大学生人文知识的获取提供有效的资源。因为经典名著与名篇既具有文学性，更包含历史、哲学、宗教等多方面的知识，具有极强的思想性与感染力。从古代的诗词曲赋到现代的朦胧诗，从远古神话故事到唐传奇、明清乃至今天的小说，美文佳作数不胜数，记录了从古至今政治、经济、文化、社会与民间生活的各个方面的内容。研读、学习这些美文佳作，在丰富学生语言知识的同时，更能让学生汲取丰富的政治、历史、哲学、艺术等知识。在教师的引导下，学生若能将知识贯穿于行动之中，就能将吸取的知识慢慢内化为素养。于此，人的命运是什么、社会尊严是什么、存在的意义和价值是什么等重大的人生课题，将会自然而然地引起学生的高度关注和深入思考，在追问个体生命的意义、追求个人价值的实现的过程中，形成健康的人格和坚强的意志。

好的人文素养，可以涵养好的语言能力，是培养高水平表达能力和沟通能力的基础。在品味优秀的文学名篇佳作的同时，教师还要有意识地结合实际训练学生的语言能力。鼓励和引导学生静心涵泳经典文学篇章，揣摩、分析、学习作者的构思和写作脉络，领会语言神韵，明晰文本义理，最终明达文义，窥得创作之神气，形成高品位语感和良好的语言能力。

二、大学语文课程教学资源的选择

要通过翻转课堂改变大学语文的教学现状，达到深度学习的目的，既要有适合的教学内容，还必须提供与教学内容相匹配的丰富而有效的资源。信息技术给教育领域带来生机，翻转课堂知识传授环节所提供的课前学习资料，也由最初的演示视频演变为今天的微视频、慕课等。纷繁多样的学习资源，为翻转课堂教学的实施提供了支持，也带来了挑战。翻转课堂教学模式最初被广泛采用时，以教师在课前制作的视频为主要学习资料。随着翻转课堂和网易公开课等的推广，我国在线课程资源呈急剧上升之势，众多在线课程资源为翻转课堂教学实施提供了多样的选择，学生可以不再局限于教师提供的有限资料，教师也不再受限于自身条件和学校条件以及技术等问题，为学生提供更多资料。

采用翻转课堂教学模式以实现大学语文深度学习的教学资源选择应遵循以下原则。第一，适应性原则。适应性原则指选择的资源适应、符合大学生的实际学情，关注大学生的内在期望和兴趣点，秉持宁缺毋滥，丰富但不过度原则。课程资源应满足学生的内在需求和生活体验，从而能够由内而外地激发出学生自主学习的欲望和深入探究的热情。第二，引导性原则。从翻转课堂突出问题探究和能力训练的特点出发，强调资源要引导学生发现问题、思考问题、解决问题，能直接支撑学生的学习过程。收集或设计制作的资源，要符合语文课程的特点，在审美性、情境性、个性化上下功夫，使教学资源能有效地引导学生进行体验、探究、推理、总结和反思，并由此主动完成知识的系统化建构，同时能予以拓展、延伸和融合，最终内化为学生的个人修养。第三，多样性原则。多样性原则是指教学资源的形式、类型、来源要开放多样。资源不仅仅指微视频，还要提供给学生其他材料，只要能满足学生需求和教学目标，经过加工、改造和整合，都能变成教学资源；由于同一知识点涉及不同类型的教学资源，故其表达效果不同，加上语文文体的多样性，应做到因材施教。如讲解操作型知识，微视频便于演示相关操作过程；讲解作品型知识，名篇能更好地提供作品范例；讲解理论型知识，文稿长于知识点的推演，故要分类选择。至于来源，互联网中的文本、课件、视频等都可成为教学资源，并非全要自己制作，如有学生应用信息技术制作的作品或以往优秀的学生作品，只要具有典型性和适应性，都可以作为教学资源提供给学生。

根据以上原则，选择适合推动大学语文深度学习教学目标有效实现的资源，主要有以下两种方式。

1. 搜寻并整合适合的网络资源

所有的教学资源都亲自制作是不现实的，目前网络资源极为丰富，可以适应教学目标、深度学习要求、学生内在需要进行搜寻并整合。目前，网络上有的大学语文精品课和众多与大学语文相关的各种专题讲座可以作为首选。但为了拓宽学生的视野，了解学科的最新动态和理论前沿，相关的电视节目、网易公开课、微信公众号、手机 APP 都可以作为学习的参考和拓展延伸。另外，优秀的学生作品或由学生整合、制作的资源，经过教师的筛选，也可以作为教学资源。

2. 设计制作有价值的原创资源

在网络资源中，专门为大学语文翻转课堂设计和制作的资源并不多，为了满足学生的学习需求，做到既能在加强审美体验的基础上提高学生的语文能力，又能增强学生的人文素养、涵养学生的科学精神，则不能仅仅依靠网络已有资源，还要根据教学内容和教学目标，在学校和自身已有条件和设备的基础上，自行设计与制作优质学习资源，诸如知识点讲解的系列微视频、诗文名篇的音频、名家名作的解读文本、系列文学知识简介的 PPT 等。

三、大学语文课程教学评价的实现

所谓教学评价，是指以教学目标为依据，制定科学合理的评价标准，运用先进的手段和方法，收集并分析有关教学信息，对教学过程及结果进行价值判断并促进教学不断进步和完善的活动。教学评价包括对学生学业成绩的评价、对教师教学质量的评价和课程评价，这里主要探讨的是对学生学习效果的评价。

大学语文教学不仅是为了丰富和提高学生的语文知识积累、理解、鉴赏能力，更重要的是提升学生的文化素养、文化自信，培养学生的高阶思维能力、研究性学习能力和对中华优秀传统文化传承的能力。大学语文课程的教学评价，既要关注学生的语言知识掌握程度和语言能力水平，同时还要重视其在学习过程中的情感态度和参与表现，以及在学习中所养成的情感态度、价值观念等。教学评价要从教学目标出发，对照教学目标描述的评估标准、设计评价指标，形成贯穿整个课程、覆盖各项教学活动的评价方案。伴随着教育信息技术的发展运用，建立以提高大学生学习能力、职业能力和综合素质为导向的科学评价体系成为必需和必然。鉴于此，大学语文课程的考核评价应以过程性评价为主，利用过程性评价的内容和其具有的及时性、灵活性特点，在信息技术的支持下，改变传统教学评价中过分重视静态而忽视动态的、过分重视结果而忽视过程的学习效果的评价方式，教师评价、同学互评多措并举，通过网络自动生成学生学习过程、结果、态度等多层次的评价结果，提高学生学习的积极性和参与度，通过"前拉后推"式的激励措施、多元化的评价形式来考查学生的学习效果。

参考文献

[1] 张永影.高职《大学语文》教学中融入美育的教学实践研究——以《琵琶行》教学为例 [J].湖北开放职业学院学报 ,2023,36(24):170-172.

[2] 黄秀丽,柯聪.大学语文融入课程思政教学实践探讨——以长江工程职业技术学院课程思政建设为例 [J].长江工程职业技术学院学报 ,2023,40(4):45-49.

[3] 纪晓平.高职院校大学语文教学改革研究 [J].江西电力职业技术学院学报 ,2023,36(11):28-30.

[4] 彭早霞,戴煜婷.大学语文批判性阅读教学实践探究——以《儒林外史》王冕形象分析为例 [J].语文教学通讯·D刊(学术刊),2023(10):5-7.

[5] 何敏.ARCS动机模型视角下大学语文混合式教学实践探索 [J].湖北开放职业学院学报 ,2023,36(14):177-178+181.

[6] 符晓.新时代理工类院校大学语文课程思考——兼及"阅读—写作—表达"三位一体教学实践研究 [J].长春理工大学学报(社会科学

版),2023,36(4):167-172.

[7] 刘志红 . 大学语文课程中经典文学的教学实践与优化路径 [J]. 语文建设 ,2023(13):88.

[8] 关琳 , 胡红霞 , 常琳 , 等 . 基于教学能力比赛的教学改革与实践研究——以高职 "大学语文" 为例 [J]. 兰州职业技术学院学报 ,2023,39(03):59-63.

[9] 房媛 . 大学语文专题式教学实践路径研究 [J]. 中国多媒体与网络教学学报 (中旬刊),2023(3):91-94.

[10] 王燕萍 . 大学语文专题式教学实践路径探索 [J]. 湖北开放职业学院学报 ,2023,36(3):159-161.

[11] 司芳雅 .《大学语文》课程思政建设研究 [D]. 武汉 : 湖北大学 ,2023.

[12] 窦红彦 . 大学语文课程中古典诗词教学实践分析 [J]. 湖北开放职业学院学报 ,2023,36(2):170-171+174.

[13] 王丽霞 . 混合教学模式下高校大学语文教育现状和对策研究 [J]. 湖北开放职业学院学报 ,2022,35(23):153-155.

[14] 刘瑞 . 基于 "古籍今读" 的军校大学语文课教学设计与实践探析——以边塞诗等教学单元为例 [J]. 大学教育 ,2022(10):183-185.

[15] 宗晓丽, 李凤双, 胡蓉. 大学语文的思政教育价值及其教学实践研究 [J]. 甘肃教育研究, 2022(9):29-32.

[16] 张行健. 中华优秀文化融入思政教育的教学实践研究——以包头职业技术学院 "大学语文" 课程教学为例 [J]. 包头职业技术学院学报, 2022,23(3):66-68.

[17] 张莉萍. 基于弘扬中华优秀文化理念下的大学语文教学改革与实践探索 [J]. 品位·经典, 2022(13):143-145.

[18] 马奔彦. 高职院校 "思政进课堂" 教学实践与分析——以《大学语文》为例 [J]. 邯郸职业技术学院学报, 2022,35(2):56-59.

[19] 苏爱风, 陶静. 军校大学语文专题化教学探索与实践 [J]. 语文教学通讯·D 刊 (学术刊),2022(6):5-7.

[20] 许颜. 高职院校大学语文课堂教学现状调查研究 [D]. 乌鲁木齐: 新疆师范大学, 2022.

[21] 崔晨丽. 影像化教学在大学语文课程中的应用 [J]. 山西财政税务专科学校学报, 2022,24(1):71-73.

[22] 李婷. 高职大学语文在通识教育中的定位及教学实践 [D]. 武汉:

华中师范大学 ,2021.

[23] 罗馨 . "三全育人" 视域下大学语文课程育人的实现路径研究 [D]. 西安：西安科技大学 ,2020.

[24] 文智辉 . 深度学习理念导向下大学语文翻转课堂设计与实践 [D]. 长沙：湖南师范大学 ,2018.

[25] 王曼宁 . 叶嘉莹诗词教法在大学语文课程教学的应用 [D]. 长沙：湖南师范大学 ,2016.

[26] 武文雯 . 文化素质教育视域下高职《大学语文》问题与对策 [D]. 成都：四川师范大学 ,2015.

[27] 于晓楠 . 我国高职院校《大学语文》课程教学研究——以南昌市几所高职院校为例 [D]. 南昌：江西农业大学 ,2013.

[28] 俞秀红 , 陈清华 . 大学语文 [M]. 南京：南京大学出版社 ,2018.

[29] 邹春霞 , 季芳 . 大学语文 [M]. 重庆：重庆大学出版社 ,2017.